100 BIBEL-QUIZZEN

100 Bibel-Quizzen

Alle Rechte vorbehalten. Durch den Kauf dieses Übungsbuchs darf der Käufer die Übungsblätter nur für den persönlichen Gebrauch und den Unterricht, jedoch nicht für den kommerziellen Weiterverkauf kopieren. Mit Ausnahme der oben genannten Bestimmungen darf dieses Übungsbuch ohne schriftliche Genehmigung des Herausgebers weder ganz noch teilweise in irgendeiner Weise reproduziert werden.

Bible Pathway Adventures® ist eine Marke von BPA Publishing Ltd.

ISBN: 978-1-989961-50-6

Autor: Pip Reid

Kreativdirektor: Curtis Reid

Für kostenlose Bibelmaterialien und Lehrerpakete mit Malvorlagen, Arbeitsblättern, Quizfragen und mehr besuchen Sie unsere Website unter:

www.biblepathwayadventures.com

◇◆ EINFÜHRUNG ◆◇

Wie alt war Noah, als die Flut begann? Wer verriet Jeschua (Jesus) für dreißig Silberstücke? Testen Sie Ihr Bibelwissen mit unserem *100 Bibel-Quizzen*, vollgepackt mit einer Mischung aus Fragen aus dem Alten und Neuen Testament. Dazu gibt es ausführliche Bibelstellenangaben für die weitere Bibellektüre sowie einen praktischen Lösungsschlüssel für Lehrer.

Bible Pathway Adventures hilft Pädagogen, Kindern den biblischen Glauben auf spielerische und kreative Weise zu vermitteln. Wir tun dies mit unseren Übungsbüchern und kostenlosen, druckbaren Rätselseiten - verfügbar auf unserer Website: www.biblepathwayadventures.com

Vielen Dank, dass Sie dieses Übungsbuch erworben haben und unseren Dienst unterstützen. Jedes gekaufte Buch hilft uns, unsere Arbeit fortzusetzen und Familien und Missionen auf der ganzen Welt kostenlose Klassenzimmerpakete und Ressourcen zum Bibelstudium zur Verfügung zu stellen.

Die Suche nach der Wahrheit macht mehr Spaß als die Tradition!

INHALTSVERZEICHNIS

Einführung 3	Josua 29
Dieses Buch gehört… 6	Zwölf Kundschafter 30
Die Schöpfung 7	Bileams Esel 31
Adam & Eva 8	Rahab und die Kundschafter 32
Garten Eden 9	Gideon 33
Kain & Abel 10	Ruth & Boas 34
Arche Noah 11	Simson 35
Turmbau zu Babel 12	Simson & Delila 36
Abraham 13	Samuel 37
Lots Flucht 14	König Saul 38
Geburt von Isaak 15	Hexe von Endor 39
Isaak & Rebekka 16	Raub der Bundeslade 40
Jakob & Esau 17	David & Goliath 41
Jakob 18	Könige der Bibel 42
Joseph 19	Figuren der Thora 43
Mose 20	Salomo 44
Brennender Dornbusch 21	Königin von Saba 45
Zehn Plagen 22	Hiskias Gold 46
Das Pessach-Mahl 23	Jesaja 47
Durchquerung des Roten Meeres 24	Elia und die Propheten des Baal 48
Die Zehn Gebote 25	Josia und die Thora 49
Das Goldene Kalb 26	König Nebukadnezar 50
Die Stiftshütte 27	Feuerofen 51
Die Rebellion des Korah 28	Daniel und die Löwen 52

Jona	53
Nehemia	54
Esther rettet ihr Volk	55
Hiob	56
Zwölf Stämme Israels	57
Frauen der Bibel	58
Mütter in der Bibel	59
Väter in der Bibel	60
Johannes der Täufer	61
Ein Engel besucht Maria	62
Geburt von Jeschua	63
Der Besuch der Hirten	64
Die Weisen aus dem Morgenland	65
Die Darstellung Jeschuas im Tempel	66
Die Zwölf Jünger	67
Der Tempel	68
Hochzeit zu Kana	69
Kapernaum	70
Versuchungen in der Wüste	71
Bergpredigt	72
Wundersame Brotvermehrung	73
Die Tochter des Jairus	74
Zachäus der Zöllner	75
Gleichnis von den Talenten	76
Gleichnis von den klugen und törichten Jungfrauen	77
Gleichnis vom barmherzigen Samariter	78
Gleichnis vom verlorenen Sohn	79
Die Frau am Brunnen	80
Die Verklärung	81
Einzug in Jerusalem	82
Jeschua reinigt den Tempel	83
Judas	84
Das letzte Abendmahl	85
Gethsemane	86
Rüstung Gottes	87
Jeschua vor Pilatus	88
Tod am Kreuz	89
Die Auferstehung	90
Weg nach Emmaus	91
Himmelfahrt	92
Schavuot - Pfingsten	93
Sukkot - Laubhüttenfest	94
Philippus und der Äthiopier	95
Weg nach Damaskus	96
Die Paulusbriefe	97
Paulus vor König Agrippa	98
Priscilla & Aquila	99
Schiffbruch!	100
Petrus	101
Petrus' Flucht aus dem Gefängnis	102
Frucht des Geistes	103
Petrus & Kornelius	104
Petrus der Heiler	105
Engel	106
Lösungsschlüssel	107
Entdecken Sie weitere Übungsbücher!	120

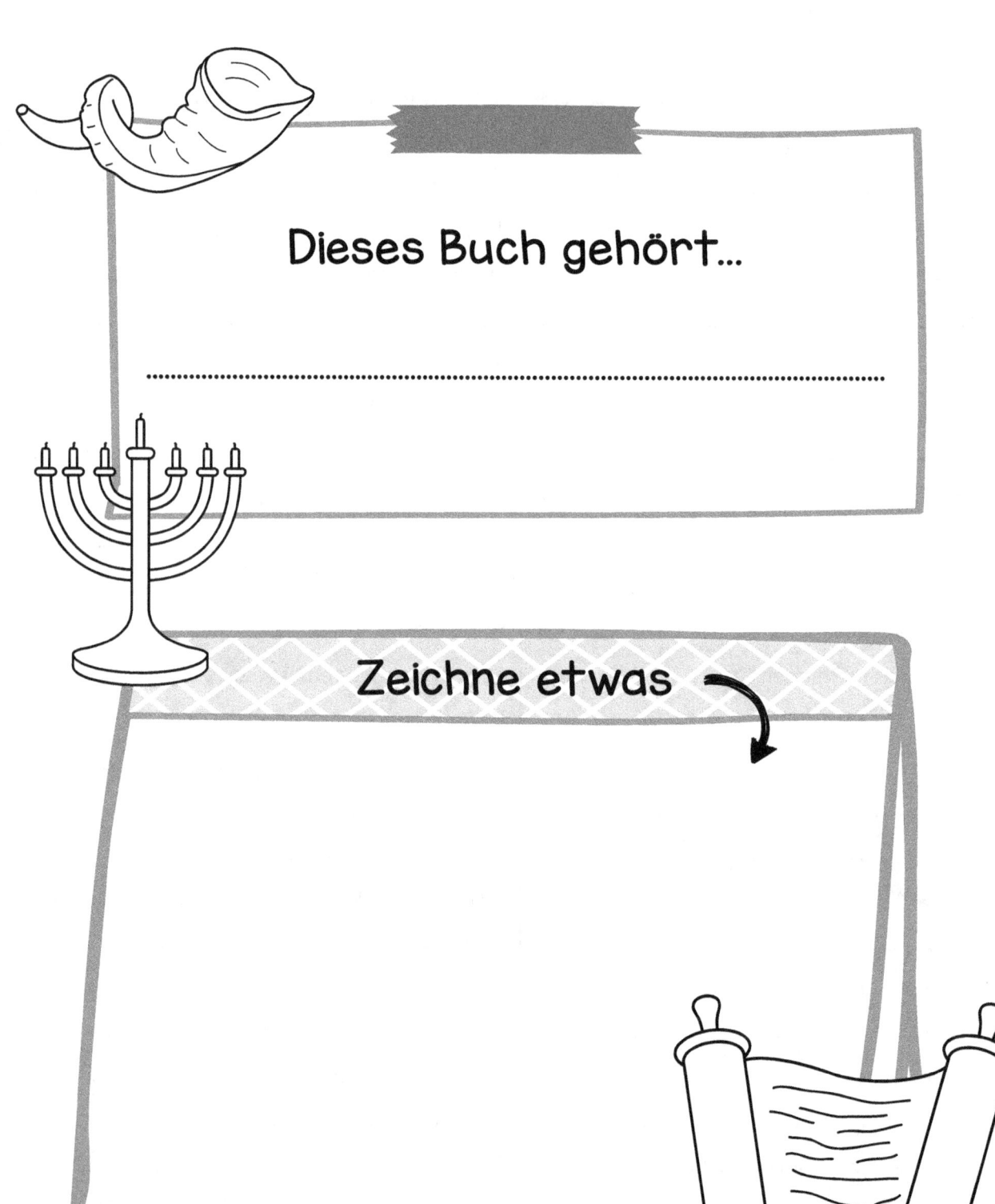

DIE SCHÖPFUNG

Lies 1. Mose 1-2.
Beantworte die folgenden Fragen.

1. Wie hat Gott das Licht genannt? ....

2. Was wurde am zweiten Tag erschaffen? ....

3. Wie hat Gott das trockene Land genannt? ....

4. Wie lautet der Name des Lichts, das den Tag beherrscht? ....

5. An welchem Tag hat Gott schwimmende Lebewesen erschaffen? ....

6. Nach welchem Bild hat Gott Männer und Frauen geschaffen? ....

7. An welchem Tag hat Gott geruht? ....

8. Wie hat Gott die Erde bewässert? ....

9. Wie hat Gott einen Menschen erschaffen? ....

10. Wie hat Gott eine Frau erschaffen? ....

ADAM & EVA

Lies 1. Mose 2-5.
Beantworte die folgenden Fragen.

1. Wie hat Gott am Anfang die Erde bewässert? ....

2. Wo hat Gott einen Garten angelegt? ....

3. Warum wurde Adam in den Garten gesetzt? ....

4. Wer hat all die Vögel und Tiere benannt? ....

5. Warum hat Adam seine Frau Eva genannt? ....

6. Wer aß zuerst von der Frucht des Baumes der Erkenntnis von Gut und Böse? ....

7. Nachdem Adam und Eva sahen, dass sie nackt waren, was taten sie? ....

8. Wohin hat Gott sie geschickt, nachdem sie vom Baum der Erkenntnis gegessen hatten? ....

9. Wie lauteten die Namen der ersten beiden Söhne von Adam und Eva? ....

10. Wie alt war Adam, als er starb? ....

GARTEN EDEN

Lies 1. Mose 2-3.
Beantworte die folgenden Fragen.

1. Wo hat Gott einen Garten angelegt? ....

2. Wie lautete der Name des ersten Flusses, der aus dem Garten floss? ....

3. Welches Metall wurde in Hawila gefunden? ....

4. Welche Steine wurden in Hawila gefunden? ....

5. Wie lautete der Name des vierten Flusses, der aus dem Garten floss? ....

6. Welcher Fluss floss um das Land von Kusch? ....

7. Von welchem Baum verbot Gott Adam, die Früchte zu essen? ....

8. Was geschah, nachdem Gott Adam in den Schlaf versetzt hatte? ....

9. Was hat die Schlange zu Eva gesagt? ....

10. Wen ließ Gott östlich vom Garten lagern, um Adam und Eva fernzuhalten? ....

KAIN & ABEL

Lies 1. Mose 4.
Beantworte die folgenden Fragen.

1. Wer war der erstgeborene Sohn von Eva? ....

2. Was war die Arbeit von Kain? ....

3. Was war die Arbeit von Abel? ....

4. Was hat Kain als Opfer dargebracht? ....

5. Warum wurde Kain wütend? ....

6. Was hat Kain dem Abel angetan? ....

7. Wer hat Gott belogen, als er gefragt wurde, wo sein Bruder ist? ....

8. Weil er Abel ermordet hatte, wie hat Gott Kain verflucht? ....

9. Wer war der Vater von Kain und Abel? ....

10. Nachdem Kain vor Gott geflohen war, in welchem Land ließ er sich nieder? ....

ARCHE NOAH

Lies 1. Mose 6-8.
Beantworte die folgenden Fragen.

1. Wer war Noahs Vater? ....

2. Wie lang war Noahs Arche? ....

3. Aus welchem Material wurde die Arche Noah hergestellt? ....

4. Wie viele Fenster hatte die Arche? ....

5. Wie viele Paare jedes „reinen" Tieres nahm Noah mit auf die Arche? ....

6. Wie alt war Noah, als die Sintflut begann? ....

7. Was brachte die Taube zu Noah zurück? ....

8. Auf welchem Gebirgszug ruhte die Arche Noahs? ....

9. Was baute Noah, als er aus der Arche kam? ....

10. Was war das Zeichen für den Bund zwischen Gott und Noah? ....

TURMBAU ZU BABEL

Lies 1. Mose 11,1-9.
Beantworte die folgenden Fragen.

1. Warum war es für die Menschen einfach, zusammenzuarbeiten, um den Turm von Babel zu bauen? ....

2. Wie hoch wollten sie den Turm bauen? ....

3. Welche Materialien benutzten die Menschen, um den Turm zu bauen? ....

4. Wer kam herunter, um den Turm zu sehen? ....

5. Wie hat Gott ihre Arbeit gestoppt? ....

6. Warum haben die Menschen aufgehört, den Turm zu bauen? ....

7. Wie hieß der Ort, an dem sie versuchten, den Turm zu bauen? ....

8. Was geschah mit den Menschen, nachdem sie den Bau des Turms eingestellt hatten? ....

9. Was dachten die Menschen, wovor der Turm sie schützen würde? ....

10. In welchem heutigen Land liegt das Land Sinear? ....

ABRAHAM

Lies 1. Mose 12,1-20, 14,1-15,20, 17,1-27 und 21,1-34.
Beantworte die folgenden Fragen.

1. Wo wurde Abram geboren? ....

2. Wer war der Vater von Abram? ....

3. Wen hat Abram geheiratet? ....

4. Welches Land hat Gott Abram versprochen? ....

5. Was hat Abram getan, nachdem Lot gefangen genommen wurde? ....

6. Was hat Melchisedek Abram gegeben? ....

7. Was bedeutete Gottes neuer Name für Abram? ....

8. Wie alt war Abraham, als er Vater wurde? ....

9. Wie lautete der Name von Abrahams besonderem Sohn? ....

10. In welches Land reiste Abraham, um der Hungersnot zu entkommen? ....

LOTS FLUCHT

Lies 1. Mose 18-19.
Beantworte die folgenden Fragen.

1. Wo sagte Gott zu Abraham, dass er Sodom und Gomorrah zerstören würde? ....

2. In welcher Beziehung stand Lot zu Abraham? ....

3. Wie viele Engel besuchten Sodom? ....

4. Welche Art von Brot hat Lot den Engeln gegeben? ....

5. Was geschah mit den Männern, die von Lot die Herausgabe seiner Gäste verlangten? ....

6. Wer schenke Lot keinen Glauben, als er ihnen sagte, dass Sodom zerstört werden würde? ....

7. Was regnete auf Sodom und Gomorrah nieder? ....

8. Was sagten die Engel zu Lot, als er aus der Stadt floh? ....

9. Was geschah mit Lots Frau, als sie auf die Stadt zurückblickte? ....

10. Wohin gingen Lot und seine Töchter, nachdem sie Sodom verlassen hatten? ....

GEBURT VON ISAAK

Lies 1. Mose 18,1-21,34.
Beantworte die folgenden Fragen.

1. Wie viele Männer besuchten Abraham bei den Terebinthen (Pistazienbäume) von Mamre? ....

2. Wie hat Abraham die Männer begrüßt? ....

3. Wie war der Name von Abrahams Frau? ....

4. Welche wichtige Botschaft gaben die drei Männer Abraham? ....

5. Wie hat Abrahams Frau reagiert, als sie die Botschaft hörte? ....

6. Wie alt war Abraham, als sein Sohn geboren wurde? ....

7. Wie hat Abraham seinen Sohn genannt? ....

8. Nach wie vielen Tagen wurde der Sohn Abrahams beschnitten? ....

9. Wie feierten Abraham und Sarah die Entwöhnung ihres Sohnes? ....

10. Warum nahm Abraham seinen Sohn mit in das Land Morija? ....

ISAAK & REBEKKA

Lies 1. Mose 24,1-67.
Beantworte die folgenden Fragen.

1. Wer war der Vater von Isaak? ....

2. Wohin schickte Abraham seinen Knecht, um eine Frau für Isaak zu finden? ....

3. Wie viele Kamele hat der Diener mitgenommen? ....

4. Wo hat der Diener Rebekka gefunden? ....

5. Welchen Schmuck hat der Diener Rebekka gegeben? ....

6. Wie war der Name von Rebekkas Vater? ....

7. Was hat Rebekka getan, als sie Isaak zum ersten Mal sah? ....

8. Wie alt war Isaak, als er Rebekka heiratete? ....

9. Wo lebten Isaak und Rebekka, nachdem sie geheiratet hatten? ....

10. Wie lauteten die Namen der beiden Söhne von Isaak und Rebekka? ....

JAKOB & ESAU

Lies 1. Mose 25,19-34.
Beantworte die folgenden Fragen.

1. Wer war die Mutter von Jakob und Esau? ....

2. Wer war der Vater von Jakob und Esau? ....

3. Gott sagte, dass Jakob und Esau was im Mutterleib waren? ....

4. Wie hat Gott Esau beschrieben? ....

5. Welchen Sohn hat Rebekka am meisten geliebt? ....

6. Für was hat Esau sein Erstgeburtsrecht an Jakob verkauft? ....

7. Was tat Esau, während Jakob seinen Erstgeburtssegen stahl? ....

8. Was wollte Esau tun, nachdem Jakob den Segen des Erstgeburtsrechts „gestohlen" hatte? ....

9. Wie hat Jakob Isaak vorgegaukelt, er sei Esau? ....

10. Wer war Jakobs erste Frau? ....

JAKOB

Lies 1. Mose 25,19-50,14.
Beantworte die folgenden Fragen.

1. Wer war Jakobs Mutter? ....

2. Aus welchem Land, sagte Isaak zu Jakob, solle er sich keine Frau nehmen? ....

3. Wer war der Großvater von Jakob? ....

4. Was hat Jakob in seinem Traum in Bethel gesehen? ....

5. Wer war Jakobs erste Frau? ....

6. Wie viele Söhne hatte Jakob (Israel)? ....

7. Welchen neuen Namen hat Gott Jakob gegeben? ....

8. Wer war Jakobs Lieblingssohn? ....

9. Warum zogen Jakob und seine Familie nach Ägypten? ....

10. Wie alt war Jakob, als er starb? ....

JOSEPH

Lies 1. Mose 37,1-36, 39,1-32, 40,1-44,34
und 46,1-34.
Beantworte die folgenden Fragen.

1. Wie lautete der Name von Josephs Vater? ....

2. Was war Josephs erster Traum? ....

3. Wie sind Josephs Brüder ihn losgeworden? ....

4. Wie lautete der Name von Josephs Meister in Ägypten? ....

5. Wessen Träume hat Joseph im Gefängnis gedeutet? ....

6. Was hat Joseph für den Pharao getan? ....

7. Warum schickte Jakob seine Söhne nach Ägypten? ....

8. Was, sagte Joseph seinem Verwalter, solle er in Benjamins

   Sack verstecken? ....

9. Wie lauteten die Namen der beiden Söhne Josephs? ....

10. Wo lebte Josephs Familie, nachdem sie nach Ägypten gezogen waren? ....

MOSE

Lies 2. Mose 2,1-13,36.
Beantworte die folgenden Fragen.

1. Aus welchem Stamm Israels kam Mose? ....

2. Wer fand Mose in einem Korb am Fluss? ....

3. Wie lautete der Name von Moses Bruder? ....

4. Nachdem Moses einen Ägypter getötet hatte, wohin ging er? ....

5. Wie erschien der Engel Gottes dem Mose, als er ein Hirte war? ....

6. Wer war Moses Frau? ....

7. Was hat Mose vierzig Jahre lang in der Wüste getan? ....

8. Was warf Moses in die Luft, um die sechste Plage zu starten? ....

9. Welche Anweisungen gab Moses den Hebräern (Israeliten), um der letzten Plage zu entgehen? ....

10. Aus welchem Land verhalf Moses den Hebräern (Israeliten) zur Flucht? ....

Bible Pathway Adventures

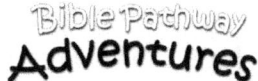

BRENNENDER DORNBUSCH

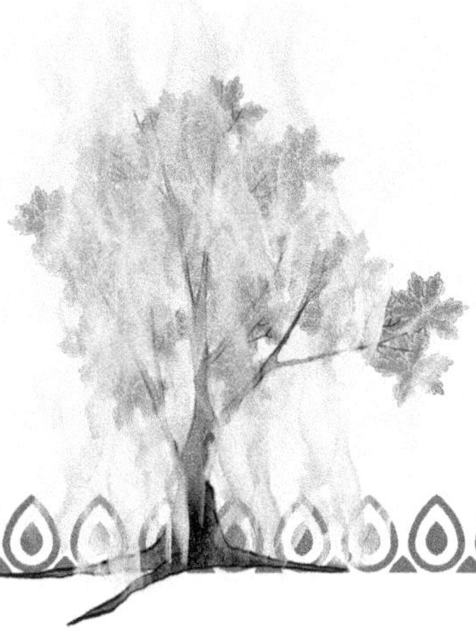

Lies 2. Mose 3,1-4,31.
Beantworte die folgenden Fragen.

1. Wo hat Mose den brennenden Dornbusch gesehen? ....
2. Was hat Gott Mose aufgetragen zu entfernen? ....
3. Wer, sagte Gott, der Er sei? ....
4. Was tat Mose, als Gott ihm sagte, wer Er sei? ....
5. Welche Anweisungen hat Gott Mose gegeben? ....
6. Welche beiden Zeichen gab Gott Mose? ....
7. Was sagte Mose zu Gott, was er nicht gut konnte? ....
8. Wen gab Gott Mose, um ihm zu helfen, mit dem Pharao zu sprechen? ....
9. Nachdem er mit Gott gesprochen hatte, zu wem ging Mose? ....
10. Was, versprach Gott, würden die Ägypter den Israeliten geben, wenn sie Ägypten verließen? ....

ZEHN PLAGEN

Lies 2. Mose 7,14-13,16.
Beantworte die folgenden Fragen.

1. Was war die erste Plage? ....

2. Welche Plagen konnten die ägyptischen Zauberer kopieren? ....

3. Was war die vierte Plage? ....

4. Bei welcher Plage wurde Ofenruß/ Asche verwendet? ....

5. Was war die neunte Plage? ....

6. Was war die letzte Plage? ....

7. Wie viele Plagen hat Gott auf Ägypten geschickt? ....

8. Wer verhärtete das Herz des Pharaos, so dass er die Hebräer (Israeliten) nicht freilassen wollte? ....

9. Wessen Gebeine nahm Moses mit, als er Ägypten verließ? ....

10. Die Hebräer (Israeliten) verließen Ägypten während welcher Zeit (welches Festes)? ....

DAS PESSACH-MAHL

Lies 2. Mose 12,1-32, Matthäus 1,1-16
und Markus 15,1-22.
Beantworte die folgenden Fragen.

1. Wie viele Plagen hat Gott auf Ägypten geschickt? ....
2. Wie haben sich die Hebräer (Israeliten) vor der letzten Plage geschützt? ....
3. An welchem Tag des Monats wies Gott die Hebräer an, ein Pessach-Lamm zu finden? ....
4. An welchem Tag im Monat sollten die Hebräer ihr Lamm schlachten? ....
5. Welches Essen hat Gott den Israeliten für das Pessach-Mahl aufgetragen? ....
6. Welche Art von Brot nahmen die Israeliten mit, als sie Ägypten verließen? ....
7. Das Pessach-Mahl findet zu Beginn welcher festgesetzten Zeit statt? ....
8. Wie lange wurden die Israeliten angewiesen, diese Mahlzeit einzuhalten? ....
9. Wo wurde Jeschua (Jesus) gekreuzigt? ....
10. Aus welchem Stamm Israels stammte Jeschua? ....

DURCHQUERUNG DES ROTEN MEERES

Lies 2. Mose 14,1-31.
Beantworte die folgenden Fragen.

1. Wer führte die Israeliten aus Ägypten heraus? ....

2. Welche Besitztümer nahmen die Israeliten mit? ....

3. Wer führte die Israeliten durch die Wüste? ....

4. Welches Heer verfolgte die Israeliten? ....

5. Als die Israeliten das Meer erreichten, wo lagerten sie? ....

6. Wie hat Mose dem Meer befohlen, sich zu teilen, damit die Israeliten auf die andere Seite gelangen konnten? ....

7. Welches Meer haben die Israeliten durchquert, um den Ägyptern zu entkommen? ....

8. Wie hat Gott die Ägypter davon abgehalten, die Israeliten durch das Meer zu jagen? ....

9. Was ist mit dem ägyptischen Heer passiert? ....

10. Was taten die Israeliten, als sie die andere Seite des Meeres erreichten? ....

DIE ZEHN GEBOTE

Lies 2. Mose 20,1-26.
Beantworte die folgenden Fragen.

1. Wem hat Gott die Zehn Gebote gegeben? ....

2. Was ist das fünfte Gebot? ....

3. „Du sollst nicht töten" ist welches Gebot? ....

4. Auf was wurden die Zehn Gebote geschrieben? ....

5. Was ist das vierte Gebot? ....

6. Welches Gebot weist uns an, nicht zu lügen? ....

7. Welches Gebot verbietet das Stehlen? ....

8. Welches Gebot verbietet es, Götzen zu machen, um Gott anzubeten? ....

9. Wo hat Mose die Gebote von Gott erhalten? ....

10. Was ist das zehnte Gebot? ....

DAS GOLDENE KALB

Lies 2. Mose 32,1-35.
Beantworte die folgenden Fragen.

1. Was taten die Israeliten, während Mose die Zehn Gebote erhielt? ....

2. Aus welchem Metall war das Kalb gefertigt? ....

3. Wie haben die Israeliten das Kalb angebetet? ....

4. Wie hat Gott auf das goldene Kalb reagiert? ....

5. Was hat Mose getan, als er das Kalb sah? ....

6. Wie hat Mose das goldene Kalb zerstört? ....

7. Wer hat behauptet, das goldene Kalb sei einfach aus dem Feuer gekommen? ....

8. Wie bestrafte Mose die Israeliten für die Anbetung des goldenen Kalbs? ....

9. Wie bestrafte Gott die Israeliten dafür, dass sie das goldene Kalb anbeteten? ....

10. An welchem Ort fertigten die Israeliten das goldene Kalb? ....

DIE STIFTSHÜTTE

Lies 2. Mose 26,1-31,18.
Beantworte die folgenden Fragen.

1. Wer war der erste Hohepriester? ....

2. Was war der Zweck der Stiftshütte? ....

3. Wo befand sich der Gnadenthron/ Sühnedeckel? ....

4. Woraus war der Gnadenthron gemacht? ....

5. Aus welchem Stamm Israels wurden die Priester ausgewählt? ....

6. Wen beauftragte Gott mit dem Bau der Stiftshütte? ....

7. In welchem Buch der Thora finden sich Anweisungen zum Bau der Stiftshütte? ....

8. Was wurde verwendet, um die Leuchter in der Stiftshütte am Brennen zu halten? ....

9. Was war der Zweck des Altars? ....

10. Aus welcher Holzart wurde die Bundeslade gefertigt? ....

DIE REBELLION DES KORAH

Lies 4. Mose 16,1-50.
Beantworte die folgenden Fragen.

1. Korah war aus welchem Stamm Israels? ....

2. Korah war der Sohn von welchem Mann? ....

3. Wie viele Männer versammelte Korah, um gegen die Führer Israels zu sprechen? ....

4. Wessen Autorität stellten Korah und die Männer in Frage? ....

5. Was tat Mose, als er Korahs Klagen hörte? ....

6. Was sagte Mose zu Korah und den Männern? (4. Mose 16,17) ....

7. Von wessen Wohnung, sagte Gott, sollten sie sich entfernen? (4. Mose 16,24) ....

8. Was hat die Erde mit Korahs Männern gemacht? ....

9. Was kam in das Lager und tötete 14.700 Menschen? ....

10. Wer war der Anführer der Israeliten? ....

JOSUA

Lies Josua 1,1-5,15, 10,1-43, und Richter 2,1-10.
Beantworte die folgenden Fragen.

1. Wer war Josuas Nachfolger als Führer Israels? ....

2. Wo hat Rahab die Kundschafter in Jericho versteckt? ....

3. Was geschah mit den Mauern von Jericho, nachdem die Israeliten ihre Schopharhörner geblasen hatten? ....

4. Welchen Fluss überquerten die Israeliten, um in das Gelobte Land zu gelangen? ....

5. Was hat Josua getan, nachdem die Israeliten den Jordan überquert hatten? ....

6. Unter welchem Volk teilte Josua das verheißene Land auf? ....

7. Wie lange stand die Sonne für Joshua still? ....

8. Welches Volk hat Josua betrogen? ....

9. Welche Art von Wetter hat Josua geholfen, die Amoriter zu besiegen? ....

10. Wie alt war Josua, als er starb? ....

ZWÖLF KUNDSCHAFTER

Lies 4. Mose 13,1-33.
Beantworte die folgenden Fragen.

1. Wie viele Stämme Israels lagerten in der Wüste? ....

2. An welchem Ort lagerten die Stämme? ....

3. Wie viele Kundschafter schickte Mose nach Kanaan? ....

4. Welchen Weg wies Mose den Kundschaftern an, zu reisen? ....

5. Was bat Mose die zwölf Kundschafter, aus Kanaan zurückzubringen? ....

6. Welche Art von Menschen sahen die Kundschafter in Kanaan? ....

7. Welchen Stamm von Feinden fanden die Kundschafter in Kanaan? ....

8. Wie viele Tage haben die Kundschafter das Land erkundet? ....

9. Welche Früchte brachten die Kundschafter aus Kanaan mit? ....

10. Welche beiden Kundschafter wollten gehen und Kanaan erobern? ....

BILEAMS ESEL

Lies 4. Mose 22-25, 31.
Beantworte die folgenden Fragen.

1. Wie viele Stämme Israels lagerten in den Ebenen von Moab? ....

2. Wie war der Name des Königs von Moab? ....

3. Warum hat der König von Moab Bileam gebeten, nach Moab zu kommen? ....

4. Wer reiste mit Bileam und seinem Esel? ....

5. In welchem Buch der Bibel steht die Geschichte von Bileam und seinem Esel? ....

6. Welches Tier sprach zu Bileam? ....

7. Was hat Bileam getan, nachdem der Engel Gottes sein Leben verschont hatte? ....

8. Wie viele Male segnete Bileam die Israeliten? ....

9. Was hat Bileam dem König von Moab gesagt, um die Israeliten zu besiegen? ....

10. Wie viele Männer aus jedem Stamm zogen in den Kampf gegen die Midianiter? ....

RAHAB UND DIE KUNDSCHAFTER

Lies Josua 2,1-24.
Beantworte die folgenden Fragen.

1. Wer schickte die beiden Kundschafter nach Jericho? ....

2. Von wo wurden die Kundschafter ausgesandt? ....

3. Wie hießen die beiden Kundschafter, die loszogen, um Jericho auszukundschaften? ....

4. Wo in Jericho war das Haus von Rahab? ....

5. Wie hat Rahab die Kundschafter versteckt? ....

6. Wer schickte eine Nachricht an Rahab, dass sie die Kundschafter herausgeben sollte? ....

7. Wo haben die Männer des Königs nach den Kundschaftern gesucht? ....

8. Wie hat Rahab den Kundschaftern zur Flucht verholfen? ....

9. Warum hat Josua das Leben von Rahab und ihrer Familie verschont? ....

10. Wie markierte Rahab ihr Haus, damit sie von den Israeliten verschont wurde? ....

GIDEON

Lies Richter 6.
Beantworte die folgenden Fragen.

1. Warum erlaubte Gott den Midianitern, die Israeliten anzugreifen? ....

2. Wo hat Gideon Weizen gedroschen? ....

3. Welche Botschaft hat der Engel Gideon gegeben? ....

4. Welche Nahrung bereitete Gideon als Opfer zu? ....

5. Welchen Altar der Midianiter hat Gideon zerstört? ....

6. Welchen Gegenstand hat Gideon auf den Boden gelegt, um ein Zeichen von Gott zu erhalten? ....

7. Wie viele Soldaten hatte Gideon anfangs? Aus welchen Stämmen Israels? ....

8. Wie viele Männer leckten das Wasser von der Hand in den Mund? ....

9. Welche Gegenstände benutzten Gideon und sein Heer, um die Midianiter zu besiegen? ....

10. Welches Insekt verwendet die Bibel, um die Anzahl der Midianiter in ihrem Lager zu beschreiben? ....

RUTH & BOAS

Lies Ruth 1,1-4,17.
Beantworte die folgenden Fragen.

1. Wo wurde Ruth geboren? ....

2. Wie lautete der Name von Ruths Schwägerin? ....

3. Wer war der erste Ehemann von Ruth? ....

4. Mit wem zog Ruth nach Bethlehem? ....

5. Wo haben sich Ruth und Boas zum ersten Mal getroffen? ....

6. Was hat Boas Ruth zum Essen angeboten? ....

7. Wo hat Ruth auf der Tenne geschlafen? ....

8. Was gab Boas Ruth am nächsten Morgen? ....

9. Aus welchem Stamm Israels stammte Boas? (1. Chronik 2) ....

10. Wie nannten Ruth und Boas ihren Sohn? ....

SIMSON

Lies Richter 13,1-16,31.
Beantworte die folgenden Fragen.

1. Wer sagte Simsons Vater, dass er einen Sohn bekommen würde? ....

2. Welche wichtigen Anweisungen gab ein Engel der Mutter Simsons? ....

3. Was tötete Simson mit seinen bloßen Händen? ....

4. Woher kannten die Hochzeitsgäste die Antwort auf Simsons Rätsel? ....

5. Wie viele Schakale fing Simson? ....

6. Wie viele Philister tötete Simson mit einem Eselskinnbacken? ....

7. Wie viele Jahre hat Simson die Israeliten gerichtet? ....

8. Wie viel Silber bot der Philisterkönig Delila an, damit sie Simson verrät? ....

9. Was geschah mit Simson, als ihm die Haare abgeschnitten wurden? ....

10. Welches Gebäude der Philister hat Simson zerstört? ....

SIMSON & DELILA

Lies Richter 16,1-31.
Beantworte die folgenden Fragen.

1. Der Name eines Israeliten, der für den Dienst für Gott ausgesondert wurde. ....

2. Wie viele Jahre lang richtete Simson die Israeliten? ....

3. Wie viel Silber wurde Delila für den Verrat an Simson angeboten? ....

4. Welche Nationalität hatte Delila? ....

5. Wo hat Delila gewohnt? ....

6. Womit hat Delila Simson zuerst gefesselt? ....

7. Was benutzte Delila, um Simson ein zweites Mal zu fesseln? ....

8. Wie viele Haarflechten von Simsons Haar hat Delila in ihren Webstuhl gewebt? ....

9. Was verriet Simson schließlich Delila über das Geheimnis seiner Stärke? ....

10. Als Simson von den Philistern gefangen wurde, wie haben sie ihn festgehalten? ....

SAMUEL

Lies 1. Samuel 1,1-28, 8,1-10-27 und 28,1-25.
Beantworte die folgenden Fragen.

1. Als Samuel als Kind von Gott gerufen wurde, was dachte er, wer ihn rief? ....

2. Was hat Samuels Mutter ihm jedes Jahr mitgebracht? ....

3. Warum hat sich Samuel nie die Haare geschnitten? ....

4. Was verlangten die Israeliten von Samuel? ....

5. Wovor warnte Samuel die Israeliten, was ein König tun würde? ....

6. Wen hat Samuel zum ersten König von Israel gesalbt? ....

7. Samuel stammte aus welchem Stamm Israels? ....

8. Wer waren die beiden Söhne von Samuel? ....

9. Was sagte Samuel dem König Saul, als er aus dem Grab auferstand? ....

10. Wohin ging Samuel, als er starb? (1. Samuel 28) ....

KÖNIG SAUL

Lies 1. Samuel 8,1-10,27, 14,1-14, 28,1-25 und 31,1-13.
Beantworte die folgenden Fragen.

1. Aus welchem Stamm Israels stammte Saul? ....

2. Gegen welche Feinde kämpfte Saul viele Male? ....

3. Welcher hebräische Prophet salbte Saul zum König? ....

4. Wie war der Name von Sauls Vater? ....

5. Welcher Sohn von Saul war gut mit David befreundet? ....

6. Wer befahl Saul, gegen die Amalekiter zu kämpfen? ....

7. Welchen Schwiegersohn hat Saul mehrmals versucht zu töten? ....

8. Was tat David immer, wenn Saul von einem bösen Geist heimgesucht wurde? ....

9. Saul war Gott ungehorsam und besuchte welche Hexe? ....

10. Saul starb während welcher Schlacht? ....

HEXE VON ENDOR

Lies 5. Mose 18,9-14 und 1. Samuel 28-31.
Beantworte die folgenden Fragen.

1. König Saul war König von welchem Volk? ....

2. Welches Heer wollte gegen die Israeliten kämpfen? ....

3. Warum wollte König Saul mit einer Hexe sprechen? ....

4. In welcher Stadt hat König Saul mit einer Hexe gesprochen? ....

5. Wen bat König Saul die Hexe, aus dem Grab aufzuerwecken? ....

6. Warum wollte König Saul mit Samuel sprechen? ....

7. Was sagte Samuel zu König Saul? ....

8. Was geschah mit König Saul, nachdem er die Hexe von Endor besucht hatte? ....

9. An welcher Bibelstelle verbietet Gott den Versuch, mit Toten zu sprechen? ....

10. Wie verlor König Saul sein Leben? ....

RAUB DER BUNDESLADE

Lies 1. Samuel 4,1-6,21.
Beantworte die folgenden Fragen.

1. Welche Feinde haben die Israeliten bekämpft? ....

2. An welchem Ort lagerten die Israeliten? ....

3. Wie viele Israeliten wurden von den Philistern getötet? ....

4. Wessen zwei Söhne sind im Kampf gefallen? ....

5. Was geschah mit Eli, als er von der Lade hörte? ....

6. Neben welche Statue stellten die Philister die Bundeslade? ....

7. Was ist mit der Statue von Dagon passiert? ....

8. Was schickte Gott über die Menschen in Asdod? ....

9. Wie viele Monate lang bewahrten die Philister die Lade auf? ....

10. Wie gaben die Philister die Bundeslade an die Israeliten zurück? ....

DAVID & GOLIATH

Lies 1. Samuel 15,1-18,7.
Beantworte die folgenden Fragen.

1. Was war Davids Arbeit, als er jung war? ....
2. Welcher Prophet salbte David zum König? ....
3. Welches Musikinstrument hat David für König Saul gespielt? ....
4. An welchem Ort schlugen die Heere der Israeliten und Philister ihr Lager auf? ....
5. Wie groß war Goliath? ....
6. Wie viele Tage lang forderte Goliath Israel auf, einen Mann zu schicken, um gegen ihn zu kämpfen? ....
7. Wer gab David die Erlaubnis, gegen Goliath zu kämpfen? ....
8. Wie viele Steine hat David aus dem Bach geholt? ....
9. Wie hat David Goliath getötet? ....
10. Wie hat das Volk Israel den großen Sieg Davids gefeiert? ....

KÖNIGE DER BIBEL

Lies 4. Mose 22, 1. Samuel 9-16, Daniel 1-6,
2. Chronik 3, Esther 1-3 und Matthäus 14.
Beantworte die folgenden Fragen.

1. Wer war der erste König von Israel? ....

2. Welcher Prophet salbte David zum König? ....

3. Welcher König ließ Daniel den Löwen zum Fraß vorwerfen? ....

4. Welcher König wollte, dass Bileam die Israeliten verflucht? ....

5. Welcher König baute den ersten Tempel in Jerusalem? ....

6. Was war Davids Arbeit, bevor er König wurde? ....

7. Welcher König sah die Schrift an der Wand? ....

8. Welcher König zählte Vasti und Esther zu seinen Ehefrauen? ....

9. Welcher König hatte einen Traum über eine Statue aus verschiedenen Metallen? ....

10. Welcher König ließ Johannes den Täufer in den Kerker werfen? ....

FIGUREN DER THORA

Lies 1. Mose 5-6, 11-12, 25, 32, 37, 2. Mose 2, 4,
4. Mose 22 und 5. Mose 31.
Beantworte die folgenden Fragen.

1. Wer war der falsche Prophet, der versuchte, Israel zu verfluchen? (4. Mose 22) ....

2. Wer war die Mutter von Jakob und Esau? (1. Mose 25) ....

3. Wie alt war Noah, als er die Arche betrat? (1. Mose 6) ....

4. Wer wurde von seinen Brüdern in die Sklaverei nach Ägypten verkauft? (1. Mose 37) ....

5. Wer war der Ehemann von Zippora? (2. Mose 2) ....

6. Wie lautete der Name von Noahs Vater? (1. Mose 5) ....

7. Wer wurde nach dem Tod von Mose Anführer der Israeliten? (5. Mose 31) ....

8. Wer war Moses Bruder? (2. Mose 4) ....

9. Wer verließ das Haus seines Vaters Terach und reiste nach Kanaan? (1. Mose 11-12) ....

10. Wessen Name wurde zum Namen Israel geändert? (1. Mose 32) ....

SALOMO

Lies 1. Könige 1-11, 1. Chronik 28-29, und 2. Chronik 1-9.
Beantworte die folgenden Fragen.

1. Wer war der Vater von Salomo? ....

2. Welcher Priester salbte Salomo? ....

3. Wo wurde Salomo gesalbt? ....

4. Um welche Gabe bat Salomo Gott? ....

5. Wie viele Jahre brauchte Salomo für den Bau des Tempels? ....

6. Welcher König half Salomo beim Bau des Tempels und eines Palastes? ....

7. Welche Geschenke hat die Königin von Saba Salomo gemacht? ....

8. Wie viele Ehefrauen hatte Salomo? ....

9. Wie lange herrschte Salomo über Israel? ....

10. Welcher Sohn Salomos folgte ihm als König von Israel? ....

KÖNIGIN VON SABA

Lies 1. Könige 1,11 und 1. Könige 10,1-13.
Beantworte die folgenden Fragen.

1. Warum besuchte die Königin Salomo? ....

2. Welche Geschenke brachte die Königin mit? ....

3. Wie hat die Königin Salomos Knechte beschrieben? ....

4. Was beeindruckte die Königin an Salomo? ....

5. Was hat die Königin über Gott gesagt? ....

6. In welcher Stadt befand sich der Tempel? ....

7. Wer war Salomos Mutter? ....

8. Was tat Salomo mit dem Holz, das Hiram ihm brachte? ....

9. Welche Geschenke hat Salomo der Königin gemacht? ....

10. Nachdem die Königin und ihre Diener Jerusalem verlassen hatten, wohin gingen sie? ....

HISKIAS GOLD

Lies 2. Könige 18,1-19,37.
Beantworte die folgenden Fragen.

1. Wie alt war Hiskia, als er begann, Juda zu regieren? ....

2. Wie lautete der Name von Hiskias Vater? ....

3. Welcher König griff Juda an? ....

4. Welchen Propheten hat Hiskia um Hilfe gebeten? ....

5. Welche Stadt hat der König von Assyrien seinen Soldaten befohlen, anzugreifen? ....

6. Wie viel Geld verlangte der König von Assyrien? ....

7. Was hat Hiskia den Assyrern gegeben? ....

8. Aus welchem Gebäude hat Hiskia dieses Metall genommen? ....

9. Welches geistige Wesen tötete 185.000 assyrische Soldaten? ....

10. Wessen Gebote hat der König von Juda befolgt? ....

JESAJA

Lies 2. Könige 20,1-2, Jesaja 1,1-31, 7,1-8,4 und 38,1-22.
Beantworte die folgenden Fragen.

1. Was war Jesajas Aufgabe? ....

2. Wer war der Vater von Jesaja? ....

3. Womit, sagte Jesaja, verglich Gott die Sünde? ....

4. Was sagte Jesaja dem König Hiskia, als er krank war? ....

5. Wie viele Kinder hatte Jesaja? ....

6. Wem prophezeite Jesaja? ....

7. Wie viele Könige von Juda regierten, während Jesaja ein Prophet war? ....

8. Jesaja stammte aus welchem Stamm Israels? ....

9. Was sagte Jesaja Hiskia, was passieren würde, weil er dem König von Babylon seine Schätze gezeigt hatte? ....

10. Wie viele Kapitel hat das Buch Jesaja? ....

ELIA UND DIE PROPHETEN DES BAAL

Lies 1. Könige 18.
Beantworte die folgenden Fragen.

1. Wie viele Jahre lang hatte es nicht geregnet? ....

2. Wie viele falsche Propheten hat Elia versammelt? ....

3. Auf welchem Berg traf Elia die falschen Propheten? ....

4. Was taten die falschen Propheten, um Baals Aufmerksamkeit zu erregen? ....

5. Welche Prüfung hatte Elia für die falschen Propheten? ....

6. Welches Tier opferte Elia auf dem Altar? ....

7. Was hat das Feuer Gottes verbrannt? ....

8. Warum wählte Elia zwölf Steine, um einen Altar zu bauen? ....

9. Wie viele Krüge wurden verwendet, um Wasser auf das Opfer und das Holz zu gießen? ....

10. Was taten die Menschen, als sie das Feuer Gottes sahen? ....

JOSIA UND DIE THORA

Lies 2. Könige 22-23.
Beantworte die folgenden Fragen.

1. Wie alt war Josia, als er König wurde? ....

2. Wer war der Vater von Josia? (2. Könige 21) ....

3. Welche Materialien wurden für die Reparatur des Tempels in Jerusalem gekauft? ....

4. Wer hat die Schriftrolle der Thora gefunden? ....

5. Wer las Josia die Schriftrolle der Thora vor? ....

6. Was hat Josia getan, als er die Thora hörte? ....

7. Was ließ König Josia zerstören? ....

8. Welche Mahlzeit befahl Josia den Israeliten zu essen? ....

9. Was geschah, nachdem Josia dem Volk die Thora vorgelesen hatte? ....

10. Wo verbrannte Josia das Aschera-Standbild aus dem Tempel? ....

KÖNIG NEBUKADNEZAR

Lies Daniel 1,1-4,37.
Beantworte die folgenden Fragen.

1. Nebukadnezar regierte welches Königreich? ....

2. Welchen Namen gab der König Daniel? ....

3. Welchen König von Juda brachte Nebukadnezar zurück nach Babylon? ....

4. Wie wurde Daniel belohnt, als er die Träume des Königs deutete? ....

5. Was stellten die verschiedenen Metalle der Statue in Nebukadnezars Traum dar? ....

6. Wie groß war die goldene Statue, die der König anfertigen ließ? ....

7. Wo ließ der König das goldene Bildnis aufstellen? ....

8. Wer weigerte sich, das goldene Bild des Königs anzubeten? ....

9. Wie bestrafte der König die Gefährten Daniels dafür, dass sie die Statue nicht verehrten? ....

10. Wer war die vierte Person im Feuerofen mit Daniels Gefährten? ....

FEUEROFEN

Lies Daniel 1,1-4,37.
Beantworte die folgenden Fragen.

1. Daniel und seine Gefährten wurden als Gefangene zurück in welches Königreich gebracht? ....
2. Wie lauteten die Namen von Daniels drei Freunden? ....
3. Welcher König stellte die goldene Statue auf? ....
4. Auf welche Weise zeigten die drei hebräischen Jungen ungehorsam gegenüber dem König von Babylon? ....
5. Wie hat der König die Jungen bestraft? ....
6. Wie viele Male heißer als normal war der Ofen? ....
7. Was ist mit den Männern passiert, die die Jungen ins Feuer warfen? ....
8. Was hat der König gesehen, als er in den Ofen schaute? ....
9. Was geschah mit den drei Jungen, nachdem sie aus dem Feuer gekommen waren? ....
10. Als die Jungen aus dem Feuer kamen, was sahen die Räte? ....

DANIEL UND DIE LÖWEN

Lies Daniel 1,1-2,49 und 5,1-6,28.
Beantworte die folgenden Fragen.

1. Wie lautete Daniels neuer Name in Babylon? ....

2. Was tat Daniel für König Nebukadnezar? ....

3. Was aß Daniel anstelle der Speisen und der Getränke des Königs? ....

4. Wer hat den Mord an Daniel geplant? ....

5. Was geschah mit Daniel, nachdem er Gott an seinem offenen Fenster gedankt hatte? ....

6. Warum wurde Daniel den Löwen vorgeworfen? ....

7. Welcher König ließ Daniel den Löwen zum Fraß vorwerfen? ....

8. Wie wurde die Höhle des Löwen versiegelt? ....

9. Wie wurde Daniel in der Höhle vor den Löwen geschützt? ....

10. Was geschah mit den Männern, die Daniel angeklagt hatten? ....

JONA

Lies Jona 1-4.
Beantworte die folgenden Fragen.

1. In welche Stadt bat Gott Jona, seine Botschaft der Buße zu bringen? ....

2. Wohin versuchte Jona zu fliehen, anstatt nach Ninive zu gehen? ....

3. In welcher Stadt ging Jona an Bord eines Schiffes? ....

4. Wer hat Jona über Bord geworfen? ....

5. Was geschah, nachdem Jona über Bord geworfen worden war? ....

6. Wie lange war Jona im Inneren des Fisches? ....

7. Was sagte Jona den Menschen, als er Ninive erreichte? ....

8. Was taten die Menschen, um zu zeigen, dass sie Gottes Botschaft glaubten? ....

9. Was tat Jona, nachdem Gott beschlossen hatte, die Stadt nicht zu zerstören? ....

10. Was geschah mit der Pflanze, die über Jonas Kopf wuchs? ....

NEHEMIA

Lies Nehemia 1,1-4,23 und 6,1-8,18.
Beantworte die folgenden Fragen.

1. In welchem Königreich lebte Nehemia? ....

2. Was war die Aufgabe von Nehemia? ....

3. Wie erfuhr Nehemia von den Nachrichten über Jerusalem? ....

4. Worum hat Nehemia den König von Persien gebeten? ....

5. Was warfen Sanballat, Tobia und Geschem Nehemia vor? ....

6. Wer war der Hohepriester? ....

7. Welche Männer reparierten den Abschnitt der Mauer über dem Rosstor? ....

8. Wie lange dauerte es, die Mauern von Jerusalem wieder aufzubauen? ....

9. Was geschah, als die Feinde der Israeliten hörten, dass die Mauern wieder aufgebaut wurden? ....

10. Welche festgesetzte Zeit (Fest) feierte das Volk in Kapitel 8? ....

ESTHER RETTET IHR VOLK

Lies Esther 1,1-9,32.
Beantworte die folgenden Fragen.

1. Wer war der König von Persien? ....

2. Welches Familienmitglied hat Mordechai geholfen, aufzuziehen? ....

3. Wer gehorchte dem König nicht und ist nicht gekommen, als er es befahl? ....

4. Warum ließ Haman eine Reihe von Galgen anfertigen? ....

5. Als Mordechai Esther im Palast zurückließ, welche Anweisungen gab er ihr? ....

6. Worum bat Esther Mordechai und die Hebräer (Juden), bevor sie den König sah? ....

7. Was tat der König, als Esther uneingeladen vor den König trat? ....

8. Wen lud die Königin Esther zu ihren Festmahlen ein? ....

9. Wer wollte alle Hebräer (Juden) im Königreich vernichten? ....

10. Wie hat der König die Vernichtung der Hebräer (Juden) aufgehalten? ....

HIOB

Lies Hiob 1,1-2,13 und 41,1-42,1-17.
Beantworte die folgenden Fragen.

1. In welchem Land lebten Hiob und seine Familie? ....

2. Wie viele Kinder hatte Hiob vor seinen Prüfungen? ....

3. Wie starben die Kinder Hiobs? ....

4. Was hat Gott zu Satan (dem Widersacher) über Hiob gesagt? ....

5. Wer ermutigte Hiob, Gott zu verfluchen? ....

6. Als Hiobs Freunde ankamen, wie lange saßen sie schweigend da? ....

7. Was haben Hiobs Freunde ihm gegeben? (Hiob 42,10) ....

8. Von wo aus hat Gott Hiob geantwortet? ....

9. Wo lebte der Leviathan? ....

10. Nachdem Hiob Buße getan hatte, was tat Gott für ihn? ....

ZWÖLF STÄMME ISRAELS

Lies 4. Mose 2,1-34, 13, 18,7, Richter 6, Philipper 3,5, Römer 1,1 und Jakobus 1,2. Beantworte die folgenden Fragen.

1. Zu welchem Stamm gehörte Josua? ....

2. Wie viele Städte wurden den Leviten gegeben? ....

3. Zu welchem Stamm gehörte Paulus? ....

4. Zu welchem Stamm gehörte Gideon? ....

5. Welcher Stamm erhielt kein Erbteil an Land? ....

6. Die Angehörigen welchen Stammes dienten als Priester? ....

7. Welche drei Stämme lagerten an der Nordseite der Stiftshütte? ....

8. Welche beiden Stämme Israels wurden nicht nach Söhnen Jakobs benannt? ....

9. Welche Stämme siedelten auf der Ostseite des Jordans? ....

10. An wen richtete Jakobus in Jakobus 1,2 seinen Brief? ....

FRAUEN DER BIBEL

Lies 1. Mose 27, 4. Mose 26, Richter 5, 2. Samuel 11, Ruth, Esther 2, Lukas 1, Matthäus 1 und Apostelgeschichte 16. Beantworte die folgenden Fragen.

1. In welcher Beziehung stand Ruth zu Naemi? ....

2. Wer war Jakobs Mutter? ....

3. Wie lautete der Name von Moses Schwester? ....

4. Welche Frau war eine Purpurhändlerin? ....

5. Mit wem hat David Ehebruch begangen? ....

6. Wie hieß die neue Königin des Ahasveros? ....

7. Wie war der Name von Jeschuas Mutter? ....

8. Was hat Ruth mit Boas gemacht, während er schlief? ....

9. Welche Richterin bezeichnete sich selbst als „eine Mutter in Israel"? ....

10. Wie war der Name der Mutter von Johannes dem Täufer? ....

MÜTTER IN DER BIBEL

Lies 1. Mose 2, 16, 21, 25, 27, 35, 2. Mose 2, Richter 5, 1 Könige 1 und Lukas 2. Beantworte die folgenden Fragen.

1. Wer war Jakobs Mutter? ....

2. Wer war die Mutter von Isaak? ....

3. Wer war die Mutter von Joseph und Benjamin? ....

4. Welche Mutter in der Bibel hatte Zwillinge? ....

5. Wer war die erste Mutter, die in der Bibel erwähnt wird? ....

6. Wie war der Name von Jeschuas Mutter? ....

7. Welche Richterin sagte, sie sei „eine Mutter in Israel"? ....

8. Wer war die Mutter von König Salomo? ....

9. Wessen Mutter legte wen in einen Korb am Fluss? ....

10. Wer war die ägyptische Magd, die Ismael zur Welt brachte? ....

VÄTER IN DER BIBEL

Lies 1. Mose 11, 22, 31, 2. Mose 20,
Matthäus 1, Lukas 1, 8, 15 und Apostelgeschichte 16.
Beantworte die folgenden Fragen.

1. Wer war der Vater von Abraham? ....

2. Wessen Vater war so erfreut, ihn zu sehen, dass er ein gemästetes Kalb schlachtete? ....

3. Welcher Vater bat Jeschua, seiner Tochter, die im Sterben lag, zu helfen? ....

4. Wer hat die Hausgötter ihres Vaters gestohlen? ....

5. Welche Nationalität hatte der Vater von Timotheus? ....

6. Wer war der Vater von Johannes dem Täufer? ....

7. Wer war der Vater von Salomo? ....

8. Wessen Vater war bereit, seinen Sohn auf einem Altar zu opfern? ....

9. Welches Gebot besagt, dass du deinen Vater und deine Mutter ehren sollst? ....

10. Wer war der Vater von König David? ....

JOHANNES DER TÄUFER

Lies Matthäus 3, 11, 14, 17, Markus 1,
Lukas 1 und 7, und Johannes 1, 3 und 10.
Beantworte die folgenden Fragen.

1. Wie war der Name von Johannes' Mutter? ....

2. Wie war der Name von Johannes' Vater? ....

3. In welchem Fluss hat Johannes die Menschen getauft? ....

4. In welcher Wüste hat Johannes gelebt? ....

5. Über welchen Mann sagte Johannes, er sei unwürdig, seine Schuhriemen zu lösen? ....

6. Aus welcher Region kam Jeschua (Jesus), um sich von Johannes taufen zu lassen? ....

7. Aus welcher Art von Tierhaar bestand die Kleidung von Johannes? ....

8. Welche Art von Insekten hat Johannes gerne gegessen? ....

9. Was sagte Johannes, als er Jeschua in der Nähe des Flusses Jordan sah? ....

10. Welcher Herrscher befahl die Verhaftung von Johannes? ....

EIN ENGEL BESUCHT MARIA

Lies Lukas 1.
Beantworte die folgenden Fragen.

1. In welche Stadt schickte Gott seinen Engel, um Maria zu besuchen? ....

2. In welchem Monat von Elisabeths Schwangerschaft besuchte der Engel Maria? ....

3. Wie war der Name des Engels, der Maria besuchte? ....

4. Mit welchem Mann war Maria verlobt? ....

5. Was sagte der Engel zu Maria, als er sie sah? ....

6. Wie hat Maria reagiert, als sie den Engel sah? ....

7. Welche Botschaft hat der Engel Maria gegeben? ....

8. Welchen Namen, sagte der Engel zu Maria, solle sie dem Kind geben? ....

9. Warum war Maria von dem, was der Engel ihr sagte, überrascht? ....

10. Wie sagte der Engel Maria, dass sie ein Kind bekommen würde? ....

GEBURT VON JESCHUA

Lies Matthäus 1-2, Markus 1,
Lukas 2 und Micha 5,2.
Beantworte die folgenden Fragen.

1. Welchen Namen trug der Engel Gabriel Maria auf, ihrem Kind zu geben? ....
2. Wer hat zur Zeit von Jeschuas Geburt eine Volkszählung der gesamten römischen Welt angeordnet? ....
3. Warum reisten Maria und Joseph zur Volkszählung nach Bethlehem? ....
4. Wo wurde Jeschua (Jesus) geboren? ....
5. Wer war zu dieser Zeit König von Judäa? ....
6. Aus welchem Stamm Israels stammte Jeschua? ....
7. Was hat der alttestamentliche Prophet Micha über Jeschuas Geburt gesagt? ....
8. Wie viele Weise aus dem Morgenland besuchten Jeschua? ....
9. Was hat König Herodes getan, nachdem die Weisen ihn betrogen hatten? ....
10. In welches Land flüchteten Joseph, Maria und Jeschua, bis König Herodes gestorben war? ....

DER BESUCH DER HIRTEN

Lies Lukas 2.
Beantworte die folgenden Fragen.

1. Warum waren die Hirten nachts draußen auf dem Feld? ....

2. Welche Art von Engel erschien den Hirten? ....

3. Wie reagierten die Hirten, als sie den Engel sahen? ....

4. Welche Botschaft hat der Engel den Hirten gegeben? ....

5. Was sagte der Engel den Hirten, dass sie finden würden, wenn sie den Messias besuchten? ....

6. In welche Stadt gingen die Hirten, um den Messias zu besuchen? ....

7. Was sahen die Hirten, als sie in der Stadt ankamen? ....

8. Was sagten die Hirten zu Maria und Joseph? ....

9. Wie lautete der Name des Messias? ....

10. Was taten die Hirten, nachdem sie das Kind gesehen hatten? ....

DIE WEISEN AUS DEM MORGENLAND

Lies Matthäus 1,1-2,23.
Beantworte die folgenden Fragen.

1. Wer war zur Zeit von Jeschuas Geburt König von Judäa? ....

2. Woher wussten die Weisen aus dem Morgenland, dass Jeschua (Jesus) geboren war? ....

3. Wen wollten die Weisen sehen, als sie in Jerusalem ankamen? ....

4. In welche Stadt schickte Herodes die Weisen? ....

5. Was taten die Weisen, als sie Jeschua sahen? ....

6. Wie viele Weise, sagt die Bibel, kamen, um den jungen Jeschua zu besuchen? ....

7. Welche Geschenke haben die Weisen Jeschua gegeben? ....

8. Warum kehrten die Weisen nicht zu Herodes zurück? ....

9. Wo sonst in der Bibel werden die Weisen erwähnt? ....

10. Was tat Herodes, nachdem er von den Weisen betrogen worden war? ....

DIE DARSTELLUNG JESCHUAS IM TEMPEL

Lies Lukas 2,1-38.
Beantworte die folgenden Fragen.

1. Wer sagte Maria, sie solle ihren Sohn Jeschua (Jesus) nennen? ....

2. In welcher Stadt befand sich der Tempel? ....

3. An welchem Tag wurde Jeschua beschnitten? ....

4. Warum haben Maria und Joseph Jeschua im Tempel vorgestellt? ....

5. Wer sagte: „Denn meine Augen haben dein Heil gesehen...",

   als er Jeschua sah? ....

6. Was hat Hanna jeden Tag im Tempel gemacht? ....

7. Wie alt war Hanna, als sie Jeschua sah? ....

8. Aus welchem Stamm Israels stammte Hanna? ....

9. Welche Opfergabe brachten Maria und Joseph im Tempel dar? ....

10. Wohin brachten Maria und Joseph Jeschua, nachdem sie ihn im

    Tempel vorgestellt hatten? ....

DIE ZWÖLF JÜNGER

Lies Matthäus 8, 17, 19-21, Lukas 5, Markus 2-3, Johannes 1, 13, 18, 21, und Apostelgeschichte 1,12-26. Beantworte die folgenden Fragen.

1. Welcher Jünger war ein Zöllner? ....

2. Wer waren die ersten beiden Jünger, die berufen wurden? ....

3. Welcher Jünger versuchte, wie Jeschua (Jesus) auf dem Wasser zu gehen? ....

4. Welche drei Jünger waren aus Bethsaida? ....

5. Welches Ereignis erlebten Petrus, Jakobus und Johannes mit Jeschua auf einem Berg? ....

6. Wonach schickte Jeschua bei seinem Einzug in Jerusalem zwei Jünger, um es zu holen? ....

7. Welcher Jünger verriet Jeschua? ....

8. Was tat Jeschua für jeden Jünger während des letzten Abendmahls? ....

9. Welcher Jünger kümmerte sich nach Jeschuas Tod um seine Mutter Maria? ....

10. Wie lautete der Name des Jüngers, der Judas ersetzte? ....

DER TEMPEL

Lies 3. Mose 16, Esra 1, 1. Chronik 28, 1. Könige 6, Johannes 2-3, Matthäus 21 und Apostelgeschichte 3.
Beantworte die folgenden Fragen.

1. Welcher König baute den ersten Tempel in Jerusalem? ....

2. Warum hat Gott König David nicht erlaubt, einen Tempel zu bauen? ....

3. Wo hat Kyrus der Große den Israeliten befohlen, den Tempel wieder aufzubauen? ....

4. Wo wurde die Bundeslade im ersten Tempel aufbewahrt? ....

5. An welchem Tag des Jahres konnte der Hohepriester das Allerheiligste betreten? ....

6. In welchem Teil des Tempels hat Jeschua gelehrt? ....

7. Wie oft hat Jeschua (Jesus) den Tempel gereinigt? ....

8. Wie lange brauchte Herodes der Große für den Bau eines weiteren Tempels? ....

9. Zu welchen drei festgesetzten Zeiten (Festen) wurde den Menschen befohlen, nach Jerusalem zu reisen? ....

10. Zu wem sprach Petrus in Apostelgeschichte 3,12? ....

HOCHZEIT ZU KANA

Lies Johannes 2,1-12.
Beantworte die folgenden Fragen.

1. Zu welcher Feier war Jeschua (Jesus) eingeladen? ....

2. In welcher Stadt wurde die Feier abgehalten? ....

3. Wie war der Name von Jeschuas Mutter? ....

4. Wer war außer Jeschua noch zur Hochzeit eingeladen? ....

5. Wie viele steinerne Wasserkrüge waren bei der Hochzeit? ....

6. Wie viel Flüssigkeit konnte jeder Krug fassen? ....

7. Mit welcher Flüssigkeit wies Jeschua die Diener an, die Krüge zu füllen? ....

8. Wozu hat Jeschua das Wasser verwandelt? ....

9. Nachdem der Meister des Festes den Wein gekostet hatte, wen rief er dann? ....

10. In welche Stadt ging Jeschua nach dem Hochzeitsmahl? ....

KAPERNAUM

Lies Matthäus 11, 17, Lukas 4-5, 7, und Markus 1-2.
Beantworte die folgenden Fragen.

1. Was für eine Art von Dorf war Kapernaum? ....

2. Welcher Jünger hatte ein Haus in Kapernaum? ....

3. Welche vier Jünger lebten in Kapernaum? ....

4. Kapernaum lag am Ufer welchen Sees? ....

5. Jeschua (Jesus) heilte den Knecht welchen Offiziers? ....

6. Woher hatte Petrus das Geld, um die Tempelsteuer zu bezahlen? ....

7. Wie kam der Gelähmte in das Haus in Kapernaum, in dem Jeschua wohnte? ....

8. An welchem Wochentag hat Jeschua in der Synagoge gelehrt? ....

9. Wessen Schwiegermutter hat Jeschua geheilt? ....

10. Was war mit dem Mann los, der Jeschua beim Lehren in der Synagoge unterbrach? ....

VERSUCHUNGEN IN DER WÜSTE

Lies 5. Mose 6-8, Matthäus 4, Markus 1 und Lukas 4.
Beantworte die folgenden Fragen.

1. Wer brachte Jeschua (Jesus) in die Wüste, um ihn in Versuchung zu führen? ....
2. Wessen Aufgabe war es, Jeschua zu verführen? ....
3. Wie viele Tage und Nächte lang fastete und betete Jeschua? ....
4. Wann kam der Versucher, um Jeschua zu versuchen? ....
5. Wie oft wurde Jeschua in Versuchung geführt? ....
6. Was sollte Jeschua in Brotlaibe verwandeln? ....
7. Von wo aus sagte der Versucher zu Jeschua, er solle springen? ....
8. Was versprach der Versucher Jeschua, wenn er sich niederbeugen und ihn anbeten würde? ....
9. Welches Buch der Bibel hat Jeschua benutzt, um dem Versucher zu antworten? ....
10. Was geschah nach der dritten Versuchung? ....

BERGPREDIGT

Lies Matthäus 5-7 und Lukas 6, 11.
Beantworte die folgenden Fragen.

1. Zu wem hat Jeschua (Jesus) gesprochen? ....

2. Warum hat Jeschua gesagt, ihr sollt euch freuen, wenn die Menschen euch wegen eures Glaubens an Ihn verfolgen? ....

3. Wer, sagte Jeschua, wird das Land erben? ....

4. Was passiert mit den irdischen Schätzen? ....

5. Was sollte man tun, wenn einen jemand bittet, für ihn etwas zu tun (eine Meile zu gehen)? ....

6. Wie sollen wir andere behandeln? ....

7. Was hat Jeschua den Menschen gesagt, dass sie zuerst suchen sollen? ....

8. Was hat Jeschua den Menschen gesagt, worüber sie sich keine Sorgen machen sollen? ....

9. Wo, sagte Jeschua, sollen die Menschen beten? ....

10. Was wird nicht vergehen, bis Himmel und Erde vergehen? ....

WUNDERSAME BROTVERMEHRUNG

Lies Matthäus 14, Markus 6, Lukas 9 und Johannes 6.
Beantworte die folgenden Fragen.

1. Welches Essen hatte der kleine Junge bei sich? ....

2. Wie viele Menschen hatten sich versammelt, um Jeschua lehren zu hören? ....

3. Wie lautet ein anderer Name für den See Genezareth? ....

4. An welchem Ort waren Jeschua (Jesus) und seine Jünger, als er die Menschen speiste? ....

5. Warum fragte Jeschua Philipp: „Wo kaufen wir Brot, damit diese essen können?" ....

6. Was tat Jeschua, als Er die Brote in der Hand hielt? ....

7. Nachdem die Menschen gegessen hatten, wie viele Körbe mit Essensresten wurden gefüllt? ....

8. In welcher Region hat dieses Ereignis stattgefunden? ....

9. Welche festgesetzte Zeit (welches Fest) begann gerade? ....

10. Wohin ging Jeschua, nachdem er die Menge gespeist hatte? ....

DIE TOCHTER DES JAIRUS

Lies Matthäus 9,18-26 und Markus 5,21-43.
Beantworte die folgenden Fragen.

1. Wessen Tochter war eingeschlafen? ....

2. Jeschua (Jesus) sagte zu dem Mann: „Fürchte dich nicht, _____ nur!" ....

3. Welche drei Jünger gingen mit Jeschua zu dem Haus? ....

4. Als Jeschua und seine Jünger im Haus des Jairus ankamen, was taten alle? ....

5. Wie alt war die Tochter des Jairus? ....

6. Warum lachten die Leute im Haus des Jairus über Jeschua? ....

7. Was sagte Jeschua zu Jairus' Tochter, während sie schlief? ....

8. Was geschah, nachdem die Tochter des Jairus aufgewacht war? ....

9. In welcher Region hat sich dieses Wunder ereignet? ....

10. Welche Anweisungen gab Jeschua dem Jairus und seiner Familie? ....

ZACHÄUS DER ZÖLLNER

Lies Lukas 19,1-10.
Beantworte die folgenden Fragen.

1. Was war die Aufgabe von Zachäus? ....

2. War Zachäus reich oder arm? ....

3. In welcher Stadt hat sich diese Geschichte ereignet? ....

4. Wo wollte Jeschua (Jesus) an diesem Tag einkehren? ....

5. Warum kletterte Zachäus auf einen Baum? ....

6. Auf welche Art von Baum kletterte Zachäus? ....

7. Aus welchem Stamm Israels stammte Jeschua? ....

8. Jeschua sagte, dass Er gekommen sei, um wen zu retten? (Lukas 19,10) ....

9. Wie viel von seinen Gütern versprach Zachäus den Armen? ....

10. Wie, versprach Zachäus, wolle er die Menschen entschädigen,

    die er betrogen hatte? ....

GLEICHNIS VON DEN TALENTEN

Lies Matthäus 25,14-30.
Beantworte die folgenden Fragen.

1. Wie viele Talente gab der Meister seinem ersten Knecht? ....

2. Wie viele Talente gab der Meister seinem zweiten Knecht? ....

3. Wie viele Talente erhielt der dritte Knecht? ....

4. Was hat der erste Knecht mit seinen Talenten gemacht? ....

5. Was hat der zweite Knecht mit seinen Talenten gemacht? ....

6. Was hat der dritte Knecht mit seinem Talent gemacht? ....

7. Was sagte der Meister zu seinem ersten und zweiten Knecht, als er zu ihnen kam? ....

8. Welche Ausrede gab der dritte Knecht seinem Meister, weil er nichts mit seinem Talent tat? ....

9. Wie reagierte der Meister auf die Ausrede des dritten Knechts? ....

10. Was machte der Meister mit dem Talent des Knechts? ....

GLEICHNIS VON DEN KLUGEN UND TÖRICHTEN JUNGFRAUEN

Lies Matthäus 25,1-13.
Beantworte die folgenden Fragen.

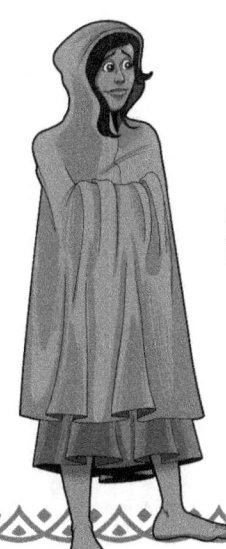

1. Wie viele Jungfrauen gingen dem Bräutigam entgegen? ....

2. Wie viele Jungfrauen waren klug? ....

3. Was geschah, als der Bräutigam sich verspätete? ....

4. Zu welcher Zeit hörten die Jungfrauen, dass der Bräutigam auf dem Weg zu ihnen war? ....

5. Was wurde den Jungfrauen befohlen zu tun? ....

6. Was haben die klugen Jungfrauen mitgenommen, um den Bräutigam zu treffen? ....

7. Was haben die törichten Jungfrauen mitgenommen, um den Bräutigam zu treffen? ....

8. Was haben die törichten Jungfrauen die klugen Jungfrauen gefragt? ....

9. Was geschah, während die törichten Jungfrauen loszogen, um Öl zu kaufen? ....

10. Warum hat der Bräutigam die törichten Jungfrauen nicht zur Hochzeit hereingelassen? ....

GLEICHNIS VOM BARMHERZIGEN SAMARITER

Lies Lukas 10,25-37.
Beantworte die folgenden Fragen.

1. Wohin wollte der Reisende in der Geschichte? ....

2. Was geschah mit dem Reisenden auf dieser Straße? ....

3. Wer war der erste Mann, der vorbeiging? ....

4. Wer war der zweite Mann, der vorbeiging? ....

5. Wer war der dritte Mann, der den Reisenden sah? ....

6. Was hat der Samariter getan, um dem Reisenden zu helfen? ....

7. Wie viel hat er dem Gastwirt gezahlt? ....

8. Wer stand auf und fragte Jeschua, wie man das ewige Leben erben kann? ....

9. Wie hat Jeschua diesem Mann geantwortet? ....

10. Als Jeschua den Gesetzesgelehrten fragte, wer der Nächste sei, wie antwortete er? ....

GLEICHNIS VOM VERLORENEN SOHN

Lies Lukas 15,11-32.
Beantworte die folgenden Fragen.

1. Wie viele Söhne hatte der Vater? ....

2. Welcher Sohn bat seinen Vater um sein Erbe? ....

3. Wohin ist der Sohn gegangen, nachdem er das Haus verlassen hatte? ....

4. Was geschäh in dem Land, in das der Sohn ging? ....

5. Nachdem der Sohn sein Geld verschwendet hatte, welche Arbeit bekam er? ....

6. Warum beschloss der Sohn, nach Hause zurückzukehren? ....

7. Wer war nicht glücklich über die Rückkehr des Sohnes? ....

8. Was tat der Vater, als er seinen jüngsten Sohn in der Ferne sah? ....

9. Was hat der Vater seinem Sohn gegeben, als er nach Hause kam? ....

10. Was tat der Vater, um die Rückkehr seines jüngsten Sohnes zu feiern? ....

DIE FRAU AM BRUNNEN

Lies Johannes 4,1-45.
Beantworte die folgenden Fragen.

1. Warum verließ Jeschua (Jesus) Judäa? ....
2. Nachdem Jeschua Judäa verlassen hatte, zu welchem Ort brach er auf? ....
3. Wie hieß der Brunnen, an dem Jeschua mit der Frau sprach? ....
4. Aus welcher Gegend stammte die Frau, die kam, um Wasser zu schöpfen? ....
5. Wohin gingen die Jünger Jeschuas, während er mit der Frau sprach? ....
6. Wie viele Ehemänner hatte die Frau gehabt? ....
7. Wahre Anbeter werden den Vater im _____ und in der Wahrheit anbeten. ....
8. Wer, sagte Jeschua der Frau, sei der Messias? ....
9. Wer von dem Wasser _____, das ich ihm geben werde, wird nie wieder Durst haben. ....
10. Warum begannen viele Stadtbewohner zu glauben, dass Jeschua der Messias war? ....

DIE VERKLÄRUNG

Lies Matthäus 16-17, Markus 9 und Lukas 9.
Beantworte die folgenden Fragen.

1. Welche drei Jünger nahm Jeschua (Jesus) mit auf einen hohen Berg? ....

2. Wie haben sich die Jünger gefühlt? ....

3. Was geschah mit Jeschuas Kleidung, während Er betete? ....

4. Welche beiden alttestamentlichen Propheten traten auf? ....

5. Was hat Petrus angeboten, für Jeschua und die Propheten zu tun? ....

6. Worüber haben die Propheten gesprochen? ....

7. Was erschien und überschattete die Männer? ....

8. Was hat die Stimme in der Wolke zu den Männern gesagt? ....

9. Zu wem gehörte die Stimme? ....

10. Wann kamen Jeschua und seine Jünger vom Berg herunter? ....

EINZUG IN JERUSALEM

Lies Matthäus 21, Markus 11,
Lukas 19 und Johannes 12.
Beantworte die folgenden Fragen.

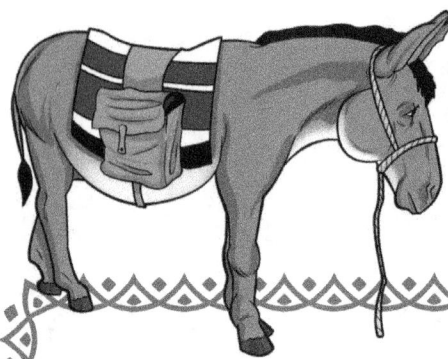

1. Zu welchem Fest (festgesetzte Zeit) reisten Jeschua (Jesus) und seine Jünger nach Jerusalem, um es zu feiern? ....

2. Aus welchem Teil von Judäa stammte Jeschua? ....

3. In welchem Dorf fanden die Jünger einen Esel und ein Fohlen? ....

4. Wie viele Jünger haben die beiden Tiere geholt? ....

5. Wer zog auf einem jungen Esel in Jerusalem ein? ....

6. Wie begrüßte die Menge Jeschua? ....

7. Als Jeschua vorbeiritt, was sagte die Menge zu ihm? ....

8. Nachdem Jeschua in Jerusalem eingezogen war, zu welchem Ort der Anbetung ging er? ....

9. Welche besondere Mahlzeit gibt es zu Beginn des Festes der ungesäuerten Brote? ....

10. Die Worte wessen Propheten aus dem Alten Testament wurden an diesem Tag erfüllt? (Matthäus 21,5) ....

JESCHUA REINIGT DEN TEMPEL

Lies Matthäus 21,12-17.
Beantworte die folgenden Fragen.

1. Wer ging mit Jeschua (Jesus) in den Tempel? ....

2. Als Jeschua im Tempel ankam, was taten da einige Leute? ....

3. Jeschua machte eine Geißel aus welchem Material? ....

4. In welcher Stadt befand sich der Tempel? ....

5. Was hat Jeschua den Händlern vorgeworfen? ....

6. Welche Tiere wurden im Tempel verkauft? ....

7. Was hat Jeschua mit den Geldwechslern gemacht? ....

8. Welcher judäische Herrscher baute diesen Tempel? ....

9. Was hat Jeschua den Händlern gesagt, was sein Haus (der Tempel) ist? ....

10. Welche festgesetzte Zeit (welches Fest) begann gerade? ....

JUDAS

Lies Lukas 6, Markus 14,1-11, Johannes 12,1-13,30, Lukas 22, Matthäus 10,1-6, 26,1-27,10, und Apostelgeschichte 1. Beantworte die folgenden Fragen.

1. Judas war einer der Zwölf ____. ....

2. Was gab Jeschua (Jesus) dem Judas als Zeichen, dass er ihn verraten sollte? ....

3. Wer hat Judas dafür bezahlt, Jeschua zu verraten? ....

4. Wie viel Geld wurde Judas gegeben, um Jeschua zu verraten? ....

5. Wo hat Judas Jeschua verraten? ....

6. Wie hat Judas Jeschua verraten? ....

7. Wie hat Judas Jeschua im Garten angesprochen? ....

8. Wie hieß das Feld, das mit dem Geld, das Judas zurückgab, gekauft wurde? ....

9. Nachdem Jeschua in den Himmel aufgestiegen war, wer waren die beiden Männer, die vorgeschlagen wurden, um Judas zu ersetzen? ....

10. Welcher Mann wurde schließlich ausgewählt, um Judas zu ersetzen? ....

DAS LETZTE ABENDMAHL

Lies Matthäus 26, Markus 14, Lukas 22 und Johannes 13.
Beantworte die folgenden Fragen.

1. In welcher Stadt haben Jeschua (Jesus) und seine Jünger das Mahl eingenommen? ....

2. Welche der von Gott festgesetzten Zeiten (Feste) stand kurz vor dem Beginn? ....

3. Wie viele Jünger waren beim letzten Abendmahl? ....

4. Welcher Jünger wollte nicht, dass Jeschua seine Füße wäscht? ....

5. Was aßen und tranken Jeschua und seine Jünger bei dem Mahl? ....

6. Was sagte Jeschua zu seinen Jüngern, als er das Brot brach? ....

7. Welches neue Gebot hat Jeschua seinen Jüngern gegeben? ....

8. Worüber stritten sich die Jünger während des Mahls? ....

9. Welcher Jünger verließ den Raum, um Jeschua zu verraten? ....

10. Wohin gingen die Männer, nachdem sie mit dem Essen fertig waren? ....

GETHSEMANE

Lies Matthäus 26, Markus 14, Lukas 22
und Johannes 18.
Beantworte die folgenden Fragen.

1. In welchem Garten ging Jeschua (Jesus) zum Beten, bevor er von den religiösen Führern verhaftet wurde? ....
2. Während Jeschua betete, was geschah mit Petrus, Jakobus und Johannes? ....
3. Was sagte Jeschua zu den Jüngern, als Er sie schlafend fand? ....
4. Welchen Jünger warnte Jeschua, dass er ihn dreimal verleugnen würde? ....
5. Wie hat Judas Jeschua verraten? ....
6. Wer ist Jeschua im Garten erschienen, um ihm Kraft zu geben? ....
7. Welche Leute schickten die religiösen Führer, um Jeschua zu verhaften? ....
8. Wer hat dem Knecht des Hohepriesters das Ohr abgeschnitten? ....
9. Was geschah mit den Jüngern, nachdem Jeschua verhaftet wurde? ....
10. Nachdem die Tempelwächter Jeschua verhaftet hatten, wohin brachten sie Ihn? ....

RÜSTUNG GOTTES

Lies Epheser 6,10-20.
Fülle die Lücken aus.

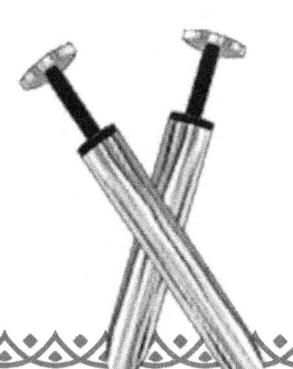

1. Die Füße gestiefelt mit der Bereitschaft für das Evangelium des _____. ....

2. Angetan mit dem Brustpanzer _____. ....

3. So steht nun fest, eure Lenden umgürtet mit _____. ....

4. Unser Kampf richtet sich nicht gegen _____ und Blut. ....

5. Zieht die _____ Gottes an. ....

6. Schuhe für die _____. ....

7. Nehmt auch den _____ des Heils. ....

8. Und wacht in aller _____. ....

9. Im Übrigen, seid _____ in dem Herrn und in der Macht seiner Stärke. ....

10. Das _____ des Geistes, welches das Wort Gottes ist. ....

JESCHUA VOR PILATUS

Lies Matthäus 27, Markus 15, Lukas 23 und Johannes 18-19.
Beantworte die folgenden Fragen.

1. Warum brauchte der Hohe Rat (Sanhedrin) Pilatus, um den Tod Jeschuas zu genehmigen? ....

2. Wer brachte Jeschua (Jesus) zu Pilatus? ....

3. Wo hat Jeschua vor Pilatus gestanden? ....

4. Was haben die religiösen Führer Jeschua vor Pilatus vorgeworfen? ....

5. Wie beantwortete Jeschua die meisten Fragen des Pilatus? ....

6. Welcher König herrschte in Galiläa und war zu dieser Zeit in Jerusalem? ....

7. Was verlangte die Menge von Pilatus, was er mit Jeschua tun sollte? ....

8. Welchen Gefangenen ließ Pilatus frei? ....

9. Wer schickte eine Warnung an Pilatus, Jeschua nichts anzutun? ....

10. Warum hat Pilatus seine Hände vor dem Volk gewaschen? ....

TOD AM KREUZ

Lies Matthäus 27,32-56.
Beantworte die folgenden Fragen.

1. Wer hat Jeschua (Jesus) zum Tode verurteilt? ....

2. Wer war gezwungen, Jeschuas Kreuz durch die Straßen Jerusalems zu tragen? ....

3. An welcher Stelle wurde Jeschua ans Kreuz genagelt? ....

4. Was stand auf der Inschrift über Jeschuas Kopf geschrieben? ....

5. Was schrie Jeschua, während er ans Kreuz genagelt wurde? ....

6. Wer wurde neben Jeschua gekreuzigt? ....

7. Wie lange bedeckte die Dunkelheit das Land, nachdem Jeschua gestorben war? ....

8. Wer bat Pilatus um den Leichnam Jeschuas? ....

9. Was benutzte der römische Soldat, um Jeschuas Seite zu durchbohren? ....

10. In was war Jeschua eingewickelt, bevor Er begraben wurde? ....

DIE AUFERSTEHUNG

Lies Matthäus 28, Markus 16,
Lukas 24, Johannes 20 und Apostelgeschichte 1.
Beantworte die folgenden Fragen.

1. Wer hat Jeschuas Grabstein weggerollt? ....

2. Zu welcher festgesetzten Zeit wurde Jeschua (Jesus) aus dem Grab auferweckt? ....

3. Was gaben die Priester den römischen Wachen, um zu schweigen? ....

4. Wer traf Jeschua außerhalb des Grabes? ....

5. Als Maria Magdalena, Maria, die Mutter des Jakobus und Salome mit den Gewürzen zum Grab gingen, was fanden sie da? ....

6. Was sagten die beiden Fremden zu den Frauen außerhalb des Grabes? ....

7. Welcher Jünger zweifelte daran, dass Jeschua lebt? ....

8. Zu welchem Gewässer gingen die Jünger, um zu fischen? ....

9. Wie lange blieb Jeschua nach seiner Auferstehung auf der Erde, bevor er in den Himmel aufstieg? ....

10. Was waren Jeschuas letzte Anweisungen an seine Jünger? ....

WEG NACH EMMAUS

Lies Lukas 24,13-35.
Beantworte die folgenden Fragen.

1. Jeschuas Tod und Auferstehung fanden während welcher festgesetzten Zeit (welches Festes) statt? ....

2. Wie viele Jünger machten sich auf den Weg nach Emmaus? ....

3. Wie weit war der Weg von Jerusalem nach Emmaus? ....

4. Wer traf die beiden Jünger auf dem Weg nach Emmaus? ....

5. Wie haben die Jünger Jeschua dem Fremden beschrieben? ....

6. Was sagten die Jünger dem Fremden, wen die Frauen am Grab gesehen hatten? ....

7. Welche Schriften benutzte der Fremde, um zu beweisen, dass er der Messias war? ....

8. Als die Jünger Emmaus erreichten, was taten sie? ....

9. Wann haben die Jünger Jeschua erkannt? ....

10. Was geschah, als die Jünger Jeschua erkannten? ....

HIMMELFAHRT

Lies Matthäus 28,16-20, Markus 16,19-20, Johannes 21 und Apostelgeschichte 1,1-12. Beantworte die folgenden Fragen.

1. Nachdem Jeschua (Jesus) aus dem Grab auferstanden war, wie lange blieb er auf der Erde, bevor er in den Himmel aufstieg? ....

2. Nachdem Jeschua seinen Jüngern in Jerusalem erschienen war, wo trafen sie ihn als nächstes? ....

3. Wer tauchte ins Wasser und schwamm auf Jeschua zu? ....

4. Was hat Jeschua Petrus dreimal gefragt? ....

5. Was hat Jeschua seinen Jüngern versprochen, bevor er in den Himmel aufstieg? ....

6. Wo hat Jeschua gesagt, dass seine Jünger hingehen und den Menschen von ihm erzählen sollen? ....

7. Auf welchem Berg stieg Jeschua in den Himmel auf? ....

8. Was verbarg Jeschua beim Aufstieg vor den Augen der Versammelten? ....

9. Wer erschien den Jüngern, nachdem Jeschua in den Himmel aufgestiegen war? ....

10. Was haben diese Männer den Jüngern gesagt? ....

SCHAVUOT - PFINGSTEN

Lies 2. Mose 19-20, 3. Mose 23, 5. Moses 16
und Apostelgeschichte 2-3.
Beantworte die folgenden Fragen.

1. Von welchem Berg aus hat Gott seine Gebote verkündet? ....
2. Wie viele Tage blieb Mose auf dem Berg, um die Gebote zu empfangen? ....
3. Wie viele Stämme lagerten am Fuß des Berges? ....
4. Welches der Gebote lautet: Gedenke des Sabbats und halte ihn heilig? ....
5. Was ist das fünfte Gebot? ....
6. Welches Geräusch hörten die Jünger in Apostelgeschichte 2, als sie im Tempel ankamen? ....
7. Was hörten die Menschen, als die Jünger begannen, zu ihnen zu sprechen? ....
8. Welcher Jünger stand auf und sprach zu den Leuten über Jeschua? ....
9. Wie viele Menschen taten an diesem Tag in Apostelgeschichte 2,41 Buße und wurden getauft? ....
10. In welcher Stadt haben die Jünger Schavuot gefeiert? ....

SUKKOT - LAUBHÜTTENFEST

Lies 3. Mose 23, 4. Mose 29, 5. Mose 16, Sacharja 14 und 1. Könige 8,2-21. Beantworte die folgenden Fragen.

1. Wie lange hat Gott den Menschen gesagt, dass sie die festgesetzte Zeit (das Fest) von Sukkot halten sollen? ....

2. Wie viele Tage dauert Sukkot? ....

3. Zu welcher festgesetzten Zeit sollen die Menschen in Hütten (Sukkot) wohnen? ....

4. Wann beginnt Sukkot? ....

5. Was hat Gott den Menschen aufgetragen, während des Sukkot zu tun? ....

6. Zu welcher Zeit des Jahres findet Sukkot statt? ....

7. An welchen Tagen während des Sukkot sind die Menschen angewiesen, eine heilige Versammlung abzuhalten? ....

8. An welches historische Ereignis aus dem 2. Buch Mose (Exodus) erinnert Sukkot? ....

9. Welcher alttestamentarische König weihte den Tempel während des Sukkot ein? ....

10. Was wird die Strafe für Völker sein, die Sukkot während des Tausendjährigen Reiches nicht halten? (Sacharja 14) ....

PHILIPPUS UND DER ÄTHIOPIER

Lies Apostelgeschichte 8,26-40.
Beantworte die folgenden Fragen.

1. Was hat der Engel Gottes zu Philippus gesagt? ....

2. Wem begegnete Philippus auf der Straße? ....

3. Warum hatte der Äthiopier Jerusalem besucht? ....

4. Was war die Aufgabe des Äthiopiers? ....

5. Welche Art von Transportmittel hat der Äthiopier benutzt? ....

6. Was sagte der Heilige Geist zu Philippus? ....

7. Welche Schriftstellen las der Äthiopier? ....

8. Von wem, so erklärte Philippus, handelten die heiligen Schriften? ....

9. Als sie an ein Wasser kamen, was wollte der Äthiopier tun? ....

10. Was geschah mit Philippus, nachdem der Äthiopier getauft war? ....

WEG NACH DAMASKUS

Lies Sie Apostelgeschichte 9,1-25.
Beantworte die folgenden Fragen.

1. Wie hieß die Heimatstadt von Paulus? ....

2. Wer billigte die Steinigung des Stephanus? ....

3. Warum reiste Paulus nach Damaskus? ....

4. Wer gab Paulus Briefe an die Synagogen in Damaskus? ....

5. Was hat Paulus auf der Straße nach Damaskus gesehen? ....

6. Wer sprach zu Paulus auf der Straße nach Damaskus? ....

7. Wie viele Tage lang war Paulus geblendet? ....

8. Wer war der Jünger, den Gott benutzte, um Paulus das Augenlicht zurückzugeben? ....

9. Was hat Paulus in den Synagogen gelehrt, während er in Damaskus weilte? ....

10. Wie ist Paulus aus Damaskus entkommen? ....

DIE PAULUSBRIEFE

Lies Epheser 6, Römer 12, 1. Korinther 3, 11, 13, 16,
Römer 2, 7, Galater 5, 1. Timotheus 6 und 1. Thessalonicher 5.
Beantworte die folgenden Fragen.

1. Ihr Kinder, seid _____ euren Eltern. (Epheser 6,1)

2. Segnet, die euch _____! (Römer 12,14)

3. Lasst alles bei euch in _____ geschehen! (1. Korinther 16,14)

4. Und passt euch nicht diesem Weltlauf an, sondern lasst euch _____ durch die Erneuerung eures Sinnes. (Römer 12,2)

5. Wisst ihr nicht, dass ihr Gottes Tempel seid, und dass der _____ Gottes in euch wohnt? (1. Korinther 3,16)

6. Seid in allem _____; denn das ist der Wille Gottes in Christus Jesus für euch. (1. Thessalonicher 5,18)

7. Denn das ganze Gesetz wird in einem _____ erfüllt, in dem: »Du sollst deinen _____ lieben wie dich selbst«. (Galater 5,14)

8. Denn wir haben _____ in die Welt hineingebracht, und es ist klar, dass wir auch nichts hinausbringen können. (1. Timotheus 6,7)

9. So ist nun das _____ heilig, und das Gebot ist heilig, gerecht und gut. (Römer 7,12)

10. Seid meine _____, gleichwie auch ich Nachahmer des Christus bin! (1. Korinther 11,1)

PAULUS VOR KÖNIG AGRIPPA

Lies Apostelgeschichte 25,1-26,32 und Philipper 3,5.
Beantworte die folgenden Fragen.

1. In welcher Stadt wurde Paulus gefangen gehalten? ....

2. Wen, sagte Paulus, hat er auf dem Weg nach Damaskus getroffen? ....

3. Welcher Herrscher beschuldigte Paulus, verrückt zu sein? ....

4. Wie lautete der Name der Frau von König Agrippa? ....

5. Wer gab Paulus die Erlaubnis, Anhänger von Jeschua zu verfolgen? ....

6. Paulus war welche Art von religiösem Führer? ....

7. Wem hat Paulus die Erlaubnis gegeben, seinen Fall vorzutragen? ....

8. Wer war der römische Statthalter von Judäa? ....

9. Als Paulus vor König Agrippa stand, womit war er gebunden? ....

10. Warum sagte Paulus, die Judäer hätten versucht, ihn zu töten? ....

PRISCILLA & AQUILA

Lies Römer 16, 1. Korinther 16,
Apostelgeschichte 18 und 2. Timotheus 4.
Beantworte die folgenden Fragen.

1. Was war der Beruf von Priscilla und Aquila? ....

2. Warum haben sie Italien verlassen und sind nach Korinth gegangen? ....

3. In welcher Stadt hat Paulus Priscilla und Aquila zurückgelassen? ....

4. Welchen Mann haben sie in Ephesus zum Jünger gemacht? ....

5. In welcher Stadt hielt sich Paulus mit Priscilla und Aquila auf? ....

6. An welchem Ort lehrte Apollos die Schriften? ....

7. Was waren die einzigen Schriften, die zur Zeit des Paulus zur Verfügung standen? ....

8. Was geschah nach 1. Korinther 16,19 regelmäßig im Haus von Priscilla und Aquila? ....

9. Was haben Priscilla und Aquila in Römer 16,3 für Paulus getan? ....

10. Wen hielten Priscilla und Aquila für den Messias? ....

SCHIFFBRUCH!

Lies Apostelgeschichte 25,23-27 und 27,1-28,10.
Beantworte die folgenden Fragen.

1. Warum reiste Paulus nach Rom? ....

2. Über welches Meer segelte Paulus? ....

3. Wie lautete der Name des Hafens, in dem das Schiff zuerst anlegte? ....

4. An welchem Ort wollte die Schiffsbesatzung den Winter verbringen? ....

5. Warum wollte Paulus nicht über Jom Kippur hinaus weitersegeln? ....

6. Auf welcher Insel erlitt Paulus Schiffbruch? ....

7. Was kam auf der Insel aus dem Feuer und griff Paul an? ....

8. Wie lange blieb Paulus auf der Insel? ....

9. Wie hieß der Hauptmann, der für Paulus zuständig war? ....

10. Welchen Mann hat Paulus geheilt, während er auf der Insel weilte? ....

PETRUS

Lies Matthäus 8,14-17, 17,1-13, Johannes 1, 13,1-36, 18, 21, und Apostelgeschichte 1, 5, 9 und 12. Beantworte die folgenden Fragen.

1. Was war die Arbeit von Petrus? ....

2. Wem, sagte Petrus, sollen wir gehorchen? (Apostelgeschichte 5,29) ....

3. Wie oft wurde Petrus von einem Engel aus dem Gefängnis gerettet? ....

4. Welcher König ließ Petrus verhaften? (Apostelgeschichte 12,1-2) ....

5. Wie oft hat Petrus Jeschua verleugnet? ....

6. An wen wurde das Buch 1. Petrus geschrieben? ....

7. Was erlebten Petrus, Jakobus und Johannes mit Jeschua auf einem Berg? (Matthäus 17,1) ....

8. Was hat Petrus mit einer Münze im Maul gefunden? ....

9. Welche Jüngerin hat Petrus von den Toten auferweckt? ....

10. Petrus war ein Anhänger von welchem berühmten Lehrer? ....

PETRUS' FLUCHT AUS DEM GEFÄNGNIS

Lies Apostelgeschichte 12,1-19.
Beantworte die folgenden Fragen.

1. Wer war zu dieser Zeit König von Judäa? ....
2. Welchen Jünger hatte der König kürzlich getötet? ....
3. Während welcher festgesetzten Zeit (Fest) wurde Petrus ins Gefängnis geworfen? ....
4. Wie viele Abteilungen von Soldaten (Kriegsknechten) bewachten Petrus? ....
5. Wie wurde Petrus im Gefängnis gefesselt? ....
6. Wer hat für Petrus gebetet, während er im Gefängnis war? ....
7. Wie hat der Engel Petrus aufgeweckt? ....
8. Was hat der Engel zu Petrus gesagt? ....
9. Als Petrus durch die Stadt ging, was öffnete sich da von selbst? ....
10. In wessen Haus ging Petrus zuerst, nachdem er aus dem Gefängnis geflohen war? ....

FRUCHT DES GEISTES

Lies 1. Korinther 13, 1. Timotheus 6, Klagelieder 3, Römer 12, Psalm 145, 119, Galater 5, Nahum 1, Markus 12 und Johannes 16. Beantworte die folgenden Fragen.

1. Die Liebe ist ____ und gütig. (1. Korinther 13,4)

2. Strebt nach Gerechtigkeit, Gottesfurcht, Glauben, Liebe, Geduld, ____! (1. Timotheus 6,11)

3. Groß ist deine ____. (Klagelieder 3,23)

4. Ist es möglich, soviel an euch liegt, so haltet mit allen Menschen ____. (Römer 12,18)

5. Gnädig und barmherzig ist der Herr, geduldig und von großer ____. (Psalm 145,8)

6. Deine Zeugnisse sind mein ewiges Erbe, denn sie sind die ____ meines Herzens. (Psalm 119,111)

7. Die Frucht des Geistes aber ist Liebe, Freude, Friede, Langmut, Freundlichkeit, Güte, Treue, Sanftmut, ____. (Galater 5,22)

8. ____ ist der Herr, eine Zuflucht am Tag der Not. (Nahum 1,7)

9. ____ deinen Nächsten wie dich selbst. (Markus 12,31)

10. Was ist die Rolle des Heiligen Geistes? (Johannes 16,8)

PETRUS & KORNELIUS

Lies Apostelgeschichte 10,1-48.
Beantworte die folgenden Fragen.

1. In welcher Stadt hat Kornelius gelebt? ....

2. Was war Kornelius' Arbeit? ....

3. Was hat Kornelius in einer Vision gesehen? ....

4. Welche Anweisungen wurden Kornelius in der Vision gegeben? ....

5. Wo hielt sich Petrus in Joppe auf? ....

6. Was sah Petrus in seiner Vision? ....

7. Was war die Bedeutung von Petrus' Vision? (Apostelgeschichte 10,28) ....

8. Worüber hat Petrus mit Kornelius und seiner Familie gesprochen? ....

9. Was geschah, während Petrus mit der Familie des Kornelius sprach? ....

10. Was sagte Petrus, was Kornelius und seine Familie tun sollten? ....

PETRUS DER HEILER

Lies Apostelgeschichte 3.
Beantworte die folgenden Fragen.

1. In welcher Stadt befand sich der Tempel? ....

2. Warum gingen Petrus und Johannes in den Tempel? ....

3. Zu welcher Zeit gingen sie in den Tempel? ....

4. Welcher Mann wurde zum Tempel gebracht? ....

5. Wo hat dieser Mann früher gesessen und gebettelt? ....

6. Um was hat der Mann Petrus und Johannes gebeten? ....

7. Was hat Petrus zu dem Mann gesagt? ....

8. Nachdem Petrus mit dem Mann gesprochen hatte, was geschah dann? ....

9. Wie reagierten die Menschen im Tempel auf das Wunder? ....

10. Was hat Petrus den Leuten im Tempel vorgeworfen? ....

ENGEL

Lies 1. Mose 32, 2. Mose 3, 4. Mose 22, Daniel 6, Judas 1, Lukas 1, Richter 13, Apostelgeschichte 1, 5 und 12, und Offenbarung 8.
Beantworte die folgenden Fragen.

1. Welche beiden biblischen Figuren hat ein Engel aus dem Gefängnis befreit? ....

2. Welcher Mann des Alten Testaments hat mit einem Engel gerungen? ....

3. Wie hat Gott Daniel vor den Löwen geschützt? ....

4. Wie viele Engel erhalten im Buch der Offenbarung Schopharhörner (Posaunen)? (Offenbarung 8) ....

5. Wo begegnete Moses dem Engel Gottes zum ersten Mal? ....

6. Wie wirkte der Engel Gottes auf Simsons Mutter? (Richter 13) ....

7. Wer war der Engel, der Maria erschien? ....

8. Wie viele Engel erschienen den Jüngern, nachdem Jeschua in den Himmel aufgestiegen war? ....

9. Welches Tier des alttestamentlichen Propheten erschrak, als es den Engel Gottes sah? (4. Mose 22) ....

10. Welcher Engel kämpfte mit Satan um den Körper von Mose? (Judas 1,9) ....

LÖSUNGEN

Die Schöpfung
1. Tag
2. Himmel
3. Erde
4. Sonne
5. Fünfter Tag
6. Nach seinem eigenen Bild
7. Siebter Tag (Sabbat)
8. Ein Dunst stieg von der Erde auf
9. Aus Staub von der Erde, und dann hauchte er ihm den Odem des Lebens ein
10. Aus Adams Rippe

Adam & Eva
1. Ein Dunst stieg von der Erde auf
2. In Eden
3. Zum Arbeiten, (damit er ihn bebaue und bewahre)
4. Adam
5. Sie wurde die Mutter aller Lebendigen
6. Eva
7. Machten sich Lendenschurze aus Feigenblättern
8. Er schickte den Menschen aus dem Garten Eden
9. Kain und Abel
10. 930 Jahre

Garten Eden
1. Eden
2. Pison
3. Gold
4. Bedolach-Harz und der Edelstein Onyx
5. Euphrat
6. Gihon
7. Baum der Erkenntnis von Gut und Böse
8. Nahm eine seiner Rippen und machte eine Frau
9. Keineswegs werdet ihr sterben
10. Die Cherubim und die Flamme des blitzenden Schwertes

Kain & Abel
1. Kain
2. Ackerbauer
3. Schafhirte
4. Früchte des Erdbodens (Obst und Gemüse)
5. Gott nahm Abels Opfer an, aber nicht das von Kain
6. Er tötete ihn
7. Kain
8. Er machte ihn zu einem Flüchtigen und Wanderer auf der Erde
9. Adam
10. Land Nod, östlich von Eden

Arche Noah
1. Lamech
2. 300 Ellen
3. Tannenholz
4. Eins
5. Sieben
6. Sechshundert Jahre
7. Ein Ölbaumblatt
8. Auf dem Gebirge Ararat
9. Altar
10. Ein Regenbogen

Turmbau zu Babel
1. Sie sprachen alle eine Sprache
2. Bis an den Himmel
3. Ziegel und Asphalt
4. Der Herr (Gott)
5. Er verwirrte ihre Sprache
6. Sie haben die Sprache des anderen nicht mehr verstanden
7. Im Land Sinear
8. Gott hat sie über die ganze Erde zerstreut
9. Vor der Zerstreuung über die ganze Erde
10. Im heutigen Irak

Abraham
1. Haran
2. Terach
3. Sarai (Sarah)
4. Land Kanaan
5. Er kämpfte, um ihn zu retten
6. Brot und Wein
7. Vater vieler Völker
8. 100 Jahre
9. Isaak
10. Ins Land Ägypten

Lots Flucht
1. Mamre
2. Lot war der Neffe Abrahams
3. Zwei Engel
4. Ungesäuertes Brot
5. Sie wurden geblendet
6. Seine Schwiegersöhne
7. Feuer und Schwefel regneten aus dem Himmel
8. „Rette deine Seele! Und schaue nicht zurück; steh auch nicht still in dieser ganzen Umgegend!"
9. Sie verwandelte sich in eine Salzsäule
10. Zoar

Geburt von Isaak
1. Drei
2. Hat ihnen eine Mahlzeit zubereitet
3. Sarah
4. Er würde einen Sohn haben
5. Sie lachte in ihrem Herzen
6. 100 Jahre
7. Isaak
8. Am achten Tag
9. Sie hielten ein großes Festmahl
10. Um Isaak als Brandopfer zu opfern

Isaak & Rebekka
1. Abraham
2. Nach Aram-Naharajim (Mesopotamien)
3. Zehn Kamele
4. An einem Wasserbrunnen
5. Ein goldener Ring und zwei Armbänder
6. Bethuel
7. Verhüllte sich mit einem Schleier
8. 40 Jahre
9. Im Negev
10. Jakob und Esau

Jakob & Esau
1. Rebekka
2. Isaak
3. Zwei Völker
4. Ein tüchtiger Jäger und Mann des freien Feldes
5. Jakob
6. Eine Mahlzeit
7. Jagen auf dem Feld
8. Jakob töten
9. Er bedeckte sich mit Ziegenfellen
10. Lea

Jakob
1. Rebekka
2. Land von Kanaan
3. Abraham
4. Eine Himmelsleiter
5. Lea
6. Zwölf
7. Israel
8. Joseph
9. a) Hungersnot in Kanaan, und b) um in der Nähe von Joseph zu sein
10. 147 Jahre

Joseph
1. Jakob
2. Garben (Weizenbündel), die sich vor einer anderen Garbe niederwerfern/ verneigen
3. Warfen ihn in eine Zisterne/ Brunnen und verkauften ihn an Fremde
4. Potiphar
5. Die des Mundschenks und Bäckers
6. Er deutete seine Träume
7. Um Getreide zu kaufen
8. Das Geld für das Korn und einen silbernen Becher
9. Ephraim und Manasse
10. Im Land Gosen

Mose
1. Levi
2. Die Tochter des Pharao
3. Aaron
4. Land Midian
5. Aus dem Inneren eines brennenden Dornbusches
6. Zippora
7. Er kümmerte sich um die Herden
8. Asche/ Ofenruß
9. Ein Lamm schlachten und sein Blut an die Türpfosten und die Oberschwellen ihrer Häuser streichen
10. Land Ägypten

Brennender Dornbusch
1. Auf dem Berg Horeb (Sinai)
2. Seine Schuhe
3. Ich bin der Gott Abrahams, Isaaks und Jakobs
4. Er verbarg sein Gesicht, weil er sich fürchtete
5. Führe die Israeliten aus Ägypten heraus
6. Verwandelte Moses Stab in eine Schlange und machte seine Hand eine Zeit lang aussätzig
7. Er war kein guter Redner
8. Seinen Bruder Aaron
9. Jethro, sein Schwiegervater
10. Silber, Gold und Kleider

Zehn Plagen
1. Wasser wird zu Blut
2. Wasser in Blut verwandeln und Frösche
3. Hundsfliegen
4. Geschwüre
5. Finsternis
6. Tod aller Erstgeborenen in Ägypten
7. Zehn
8. Gott
9. Die von Joseph
10. Das Fest der ungesäuerten Brote

Das Pessach-Mahl
1. Zehn Plagen
2. Sie strichen Lammblut auf die Türpfosten und den Oberschwellen ihrer Häuser
3. Am zehnten Tag des ersten Monats
4. Zur Abendzeit des vierzehnten Tages des ersten Monats
5. Lamm, ungesäuertes Brot und bittere Kräuter
6. Ungesäuertes Brot (Matze)
7. Zum Fest der ungesäuerten Brote
8. Durch die Generationen (die künftigen Geschlechter) hindurch, als ewige Ordnung
9. Golgatha
10. Stamm Juda

Durchquerung des Roten Meeres
1. Mose
2. Waffen, Schmuck der Ägypter und die Gebeine Josephs
3. Der Engel des Herrn in einer Wolkensäule oder Feuersäule
4. Das ägyptische Heer
5. Bei Pi-Hachirot, zwischen Migdol und dem Meer, gegenüber von Baal-Zephon
6. Er hob seinen Stab auf und streckte seine Hand über das Meer
7. Das Rote Meer
8. Er löste die Räder ihrer Streitwagen
9. Sie sind im Meer ertrunken
10. Sie sangen dem Herrn (Jahweh) einen Lobgesang

Die Zehn Gebote
1. Mose und die Israeliten
2. Ehre deinen Vater und deine Mutter
3. Das sechste Gebot
4. Zwei Tafeln aus Stein
5. Gedenke an den Sabbattag
6. Das neunte Gebot
7. Das achte Gebot
8. Das zweite Gebot
9. Berg Sinai
10. Begehre nicht die Besitztümer/ das Haus deines Nächsten

Das Goldene Kalb
1. Machten ein goldenes Kalb
2. Gold
3. Sie brachten Brandopfer und Friedensopfer dar
4. Drohte damit, die Israeliten zu vernichten
5. Er zerschmetterte die Steintafeln
6. Verbrannte es im Feuer und zermalmte es zu Pulver
7. Aaron
8. Er zwang sie, das goldene Pulver mit Wasser zu trinken
9. Gott schickte eine Plage
10. Am Fuße des Berges Sinai

Die Stiftshütte
1. Aaron
2. Damit Gott unter seinem Volk wohnt
3. Oben auf der Bundeslade
4. Aus reinem Gold
5. Stamm des Levi
6. Bezaleel und Oholiab
7. 2. Buch Mose (Exodus)
8. Reines Olivenöl
9. Zum Verbrennen von Opfergaben und Räucherwerk
10. Akazienholz

Die Rebellion des Korah
1. Levi
2. Jizhar
3. 250 Männer
4. Mose und Aaron
5. Er warf sich auf sein Angesicht
6. Und jeder nehme seine Räucherpfanne und lege Räucherwerk darauf, und dann bringe jeder seine Räucherpfanne vor den Herrn
7. Von der Wohnung Korahs, Dathans und Abirams
8. Sie verschlang sie, ihre Familien und ihre Habe
9. Eine Plage
10. Mose

Josua
1. Mose
2. Unter den Flachsstängeln auf dem Dach
3. Sie stürzten ein
4. Fluss Jordan
5. Er stellte 12 Steine auf, einen für jeden der Stämme Israels
6. Unter den Stämmen Israels
7. Einen ganzen Tag
8. Gibeoniter
9. Hagelsteine
10. 110 Jahre

Zwölf Kundschafter
1. Zwölf Stämme
2. Wüste von Paran
3. Zwölf Spione
4. Durch den Negev
5. Früchte
6. Riesen
7. Amalekiter
8. Vierzig Tage
9. Trauben, Granatäpfel und Feigen
10. Kaleb und Josua

Bileams Esel
1. Zwölf Stämme Israels
2. König Balak
3. Um die Israeliten zu verfluchen
4. Zwei Diener
5. 4. Mose 22 - 25
6. Eine Eselin
7. Reiste nach Moab und segnete die Israeliten
8. Dreimal
9. Er solle die moabitischen Frauen zum Feiern mit den Israeliten schicken (4. Mose 31,14-16)
10. 1.000 Männer

Rahab und die Kundschafter
1. Josua
2. Sittim
3. Die Bibel gibt keine Auskunft darüber
4. An der Stadtmauer
5. Unter den Flachsstängeln auf dem Dach ihres Hauses
6. König von Jericho
7. Am Fluss Jordan
8. Benutzte ein Seil, um den Männern bei der Flucht durch ein Fenster zu helfen
9. Weil sie die Kundschafter versteckte
10. Mit einer Schnur aus karmesinrotem Faden

Gideon
1. Die Israeliten taten, was böse war in den Augen des Herrn
2. In einer Kelter
3. Rette die Israeliten vor den Midianitern
4. Ziegenfleisch und ungesäuertes Brot
5. Altar des Baal
6. Ein Wollvlies
7. 32.000 aus Asser, Sebulon, Naphtali und Manasse
8. 300
9. Schopharhörner und Krüge mit Fackeln darin
10. Heuschrecken

Ruth & Boas
1. Land von Moab
2. Orpa
3. Machlon
4. Naemi
5. Auf Boas' Feld
6. Brot und geröstetes Korn
7. Zu Boas' Füßen
8. Sechs Maß Gerste
9. Juda
10. Obed

Simson
1. Ein Engel Gottes
2. Trinke keinen Wein, esse nichts Unreines und schneide Simsons Haare nicht.
3. Einen Löwen
4. Simsons Frau verriet es ihnen
5. 300 Schakale
6. 1000
7. Zwanzig Jahre
8. 1.100 Silberlinge
9. Er verlor seine Stärke
10. Den Tempel des Dagon

Simson & Delila
1. Nasiräer
2. Zwanzig Jahre
3. 1.100 Silberlinge von jedem Philisterfürsten
4. Philisterin
5. Tal von Sorek
6. Sieben frische Sehnen
7. Mit neuen Stricken
8. Sieben Haarflechten
9. „Wenn ich nun geschoren würde, so wiche meine Kraft von mir, und ich würde schwach und wie alle anderen Menschen" (Richter 16)
10. Mit ehernen Ketten

Samuel
1. Eli, der Priester
2. Ein Gewand
3. Seine Mutter hatte ihn Gott geweiht (ein Nasiräer-Gelübde abgelegt)
4. Einen König
5. Er würde sie zu Knechten machen, besteuern und ihre Söhne zu Soldaten machen
6. Saul
7. Levi
8. Joel und Abija
9. Saul und seine Söhne würden im Kampf sterben
10. In den Scheol (Totenreich), wo er ruht

König Saul
1. Benjamin
2. Philister
3. Samuel
4. Kis
5. Jonathan
6. Samuel
7. David
8. Spielte seine Harfe für König Saul
9. Hexe von Endor
10. Schlacht am Berg Gilboa

Hexe von Endor
1. Israel
2. Philister
3. Um die Zukunft zu verstehen
4. Endor
5. Den Propheten Samuel
6. Um zu lernen, wie man die Philister besiegen kann
7. Saul und seine Söhne werden ihr Leben verlieren
8. Er zog in den Kampf gegen die Philister
9. 5. Mose 18
10. Stürzte sich in sein Schwert

Raub der Bundeslade
1. Philister
2. Eben-Eser
3. 30.000 Israeliten
4. Elis Söhne (Hophni und Pinehas)
5. Fiel rückwärts vom Stuhl und starb
6. Statue von Dagon
7. Es fiel mit dem Gesicht nach unten auf den Boden
8. Beulen (Tumore)
9. Sieben Monate
10. Setzen Sie die Lade auf einen Wagen, der von zwei Milchkühen gezogen wurde

David & Goliath
1. Schafhirte
2. Der Prophet Samuel
3. Harfe
4. Tal von Elah/ Tal der Terebinthen
5. Sechs Ellen und eine Spanne (knapp 3 Meter)
6. Vierzig Tage
7. König Saul
8. Fünf Steine
9. Er traf ihn mit einem Stein aus seiner Schleuder
10. Gesang, Tanz und Musik

Könige der Bibel
1. Saul
2. Samuel
3. Darius
4. Balak
5. Salomo
6. Schafhirte
7. Belsazar
8. Ahasveros
9. Nebukadnezar
10. Herodes der Tetrarch

Figuren der Thora
1. Bileam
2. Rebekka
3. 600 Jahre
4. Joseph
5. Mose
6. Lamech
7. Josua
8. Aaron
9. Abraham
10. Jakob

Salomo
1. König David
2. Zadok
3. Gihon
4. Die Gabe der Weisheit
5. Sieben Jahre
6. Hiram, der König von Tyrus
7. Gewürze, Gold und Edelsteine
8. 700 Ehefrauen
9. Vierzig Jahre
10. Jerobeam

Königin von Saba
1. Um Salomo mit schwierigen Fragen zu prüfen
2. Kamele mit Gewürzen, Gold und Edelsteinen
3. Als glücklich
4. Salomos Palast, Diener, Essen, seine Weisheit und Tempelopfer
5. Gepriesen sei der Herr, dein Gott.
6. Jerusalem
7. Bathsheba
8. Er machte Säulen für den Tempel und Palast, und Musikinstrumente
9. Alles, was sie sich wünschte
10. Sie gingen zurück nach Hause

Hiskias Gold
1. 25 Jahre alt
2. Ahas
3. Sanherib
4. Jesaja
5. Jerusalem
6. Dreihundert Talente Silber und dreißig Talente Gold
7. Gold
8. Aus dem Tempel
9. Der Engel Gottes
10. Gottes Gebote

Jesaja
1. Prophet
2. Amoz
3. Scharlach und Karmesinrot
4. Du wirst noch 15 Jahre leben, und Gott wird dich und die Stadt von den Assyrern befreien
5. Zwei Kinder; Maher-Schalal-Hasch-Bas („Bald kommt Plünderung, rasch Raub") und Schear-Jaschub („Ein Rest, der zurückkehrt")
6. Den Israeliten
7. Vier Könige: Usija, Jotam, Ahas und Hiskia
8. Stamm Juda
9. Alles wird nach Babylon weggebracht werden
10. Sechsundsechzig Kapitel

Elia und die Propheten des Baal
1. Drei
2. 850
3. Berg Karmel
4. Sie tanzten um den Altar
5. Anzünden eines Feuers unter dem Opfertier
6. Jungstier
7. Wasser, Steine, Erde und Opfer
8. Ein Stein für jeden Stamm Israels
9. Vier
10. Fielen auf ihr Angesicht

Josia und die Thora
1. Acht Jahre alt
2. Amon
3. Holz und Stein
4. Hilkija der Hohepriester
5. Schaphan
6. Er zerriss seine Kleidung
7. Räucheraltäre, Altäre des Baal und Aschera-Standbilder
8. Das Pessach-Mahl
9. Das Volk trat in den Bund ein
10. Im Tal Kidron

König Nebukadnezar
1. Babylon
2. Beltsazar
3. Jojakim
4. Der König machte ihn zum Herrscher über die Provinz Babylon und zum Obersten über alle Weisen
5. Königreiche der Welt
6. 60 Ellen hoch und 6 Ellen breit
7. Ebene von Dura
8. Sadrach, Mesach und Abednego
9. Er warf sie in einen Feuerofen
10. Der Engel Gottes

Feuerofen
1. Babylon
2. Sadrach, Mesach und Abednego
3. Nebukadnezar
4. Sie weigerten sich, die goldene Statue des Königs anzubeten
5. Er ließ sie in den Feuerofen werfen
6. Siebenmal
7. Sie verbrannten
8. Vier Männer, die frei im Feuer umherlaufen
9. Sie wurden mit wichtigeren Aufgaben betraut
10. Das Haar der Jungen war nicht versengt, ihre Kleidung hatte sich nicht verändert und sie rochen nicht nach Rauch

Daniel und die Löwen
1. Beltsazar
2. Seine Träume deuten
3. Gemüse und Wasser
4. Minister und Satrapen des Königs
5. Er wurde in die Löwengrube geworfen
6. Für das Beten zu Jah, dem Gott von Abraham, Isaak und Jakob
7. Darius
8. Mit einem großen Stein
9. Ein Engel Gottes verschloss die Rachen der Löwen
10. Sie wurden in die Löwengrube geworfen

Jona
1. Ninive
2. Tarsis
3. Japho
4. Matrosen
5. Er wurde von einem großen Fisch verschluckt
6. Drei Tage und drei Nächte
7. Sie sollten umkehren/ Buße tun
8. Hüllten sich in Sacktuch und fasteten
9. Ging aus der Stadt und machte sich eine Hütte
10. Ein Wurm befiel die Pflanze

Nehemia
1. Königreich Persien
2. Mundschenk des Königs
3. Von Hanani und einigen Männern aus Juda
4. Um die Erlaubnis, nach Jerusalem zurückzukehren und die Stadtmauern wiederaufzubauen
5. Auflehnung gegen den König
6. Eljaschib
7. Die Priester
8. 52 Tage
9. Sie verloren ihren Mut, weil sie wussten, dass Jah den Israeliten geholfen hatte, die Mauern wiederaufzubauen
10. Sukkot (Laubhüttenfest)

Esther rettet ihr Volk
1. König Ahasveros (Xerxes)
2. Esther (Hadassa)
3. Königin Vasti
4. Weil der König Mordechai an ihnen aufhängen wollte
5. Verrate niemandem deine jüdische (hebräische) Herkunft oder wer ich bin
6. Fasten (eine Zeit lang nicht essen)
7. Er streckte sein goldenes Zepter aus
8. Den König & Haman
9. Haman
10. Er verschickte Briefe in ganz Persien, die den Hebräern (Juden) erlaubten, sich zu verteidigen

Hiob
1. Uz
2. Zehn Kinder (sieben Söhne, drei Töchter)
3. Ein Haus ist über ihnen eingestürzt
4. „Hast du meinen Knecht Hiob beachtet? Denn seinesgleichen gibt es nicht auf Erden."
5. Hiobs Frau
6. Sieben Tage und sieben Nächte
7. Geld und einen goldenen Ring
8. Aus einem Wirbelwind
9. Im Meer
10. Er erstattete ihm alles doppelt wieder

Zwölf Stämme Israels
1. Ephraim
2. 48
3. Benjamin
4. Manasse
5. Levi
6. Levi
7. Dan, Asser, Naphtali
8. Ephraim und Manasse
9. Ruben, Gad und die Hälfte von Manasse
10. An die zwölf Stämme, die verstreut sind

Frauen der Bibel
1. Schwiegertochter
2. Rebekka
3. Miriam
4. Lydia
5. Bathsheba
6. Esther
7. Maria
8. Legte sich zu seinen Füßen
9. Debora
10. Elisabeth

Mütter in der Bibel
1. Rebekka
2. Sarah
3. Rahel
4. Rebekka
5. Eva
6. Maria
7. Debora (Richter 5,7)
8. Bathsheba
9. Moses Mutter
10. Hagar

Väter in der Bibel
1. Terach
2. Der Vater des verlorenen Sohnes
3. Jairus
4. Rahel
5. Griechisch
6. Sacharja
7. David
8. Isaak
9. Das fünfte
10. Isai

Johannes der Täufer
1. Elisabeth
2. Zacharias
3. Jordan
4. Wüste Juda
5. Jeschua
6. Galiläa
7. Kamelhaar
8. Heuschrecken
9. Siehe, das Lamm Gottes, das die Sünde der Welt hinwegnimmt!
10. Herodes Antipas

Ein Engel besucht Maria
1. Nazareth
2. Im sechsten Monat
3. Gabriel
4. Joseph
5. Sei gegrüßt, du Begnadigte, der Herr ist mit dir!
6. Sie war beunruhigt und hatte Angst
7. Sie würde schwanger werden und den Sohn Gottes gebären
8. Jeschua
9. Sie war eine Jungfrau
10. Durch die Kraft des Heiligen Geistes

Geburt von Jeschua
1. Jeschua
2. Kaiser Augustus
3. Sie waren Nachfahren von David aus Bethlehem
4. Bethlehem
5. Herodes (der Große)
6. Juda (Matthäus 1,1)
7. Er würde in Bethlehem geboren werden
8. Die Bibel gibt keine Auskunft
9. Er gab den Befehl, jeden Jungen unter zwei Jahren in Bethlehem zu töten
10. In das Land Ägypten

Der Besuch der Hirten
1. Sie hüteten ihre Schafe
2. Ein Engel Gottes
3. Sie hatten Angst
4. Heute ist in Bethlehem der Retter geboren, welcher der Messias (Christus) ist
5. Ein in Windeln gewickeltes Kind, das in einer Krippe liegt
6. Bethlehem
7. Maria und Joseph und das Kind, das in der Krippe lag
8. Alles, was der Engel ihnen über das Kind gesagt hatte
9. Jeschua
10. Sie kehrten zu ihren Herden zurück, priesen und lobten Gott

Die Weisen aus dem Morgenland
1. König Herodes
2. Sie sahen einen hellen Stern am Himmel
3. Den neugeborenen König der Juden
4. Bethlehem
5. Verneigten sich und beteten ihn an
6. Die Bibel gibt keine Auskunft
7. Gold, Weihrauch und Myrrhe
8. Die Weisen wurden im Traum gewarnt, Herodes nicht mehr zu besuchen
9. Im Buch Daniel
10. Er gab den Befehl, jeden Jungen unter zwei Jahren in Bethlehem zu töten

Die Darstellung Jeschuas im Tempel
1. Der Engel Gabriel
2. Jerusalem
3. Am achten Tag
4. Um die Reinigung zu vollziehen, wie es in der Thora geschrieben steht
5. Simeon
6. Gefastet & gebetet
7. 84 Jahre
8. Asser
9. Ein Paar Turteltauben, oder zwei junge Tauben
10. Zu ihrer Heimatstadt Nazareth

Die Zwölf Jünger
1. Matthäus
2. Simon (Petrus) & Andreas
3. Petrus
4. Philippus, Andreas und Petrus
5. Die Verklärung Jeschuas
6. Ein Fohlen
7. Judas
8. Er wusch ihre Füße
9. Johannes
10. Matthias

Der Tempel
1. Salomo
2. Er war ein Mann des Krieges (1. Chronik 28,3)
3. Jerusalem
4. Im Allerheiligsten
5. Am Versöhnungstag (3. Mose 16)
6. In der Halle Salomos
7. Zweimal (Johannes 3 und Matthäus 21)
8. Mindestens 46 Jahre (Johannes 2)
9. Fest der ungesäuerten Brote, Schavuot, und Sukkot (Laubhüttenfest)
10. Den Israeliten

Hochzeit zu Kana
1. Eine Hochzeit
2. Kana
3. Maria
4. Jeschuas Jünger
5. Sechs Steinkrüge
6. „Zwei oder drei Eimer"
7. Wasser
8. Wein
9. Den Bräutigam
10. Kapernaum

Kapernaum
1. Fischerdorf
2. Simon (Petrus)
3. Andreas, Petrus, Jakobus, Johannes
4. See Genezareth
5. Den Knecht eines Hauptmanns
6. Aus dem Maul eines Fisches
7. Durch das Dach
8. Am Sabbat
9. Die des Simon (Petrus)
10. Er hatte den Geist eines unreinen Dämons

Versuchungen in der Wüste
1. Der Geist
2. Der Teufel
3. Vierzig Tage und Nächte
4. Als er hungrig war
5. Dreimal
6. Steine
7. Vom Dach des Tempels
8. Alle Reiche der Welt und ihre Herrlichkeit
9. 5. Mose
10. Engel kamen und dienten Jeschua

Bergpredigt
1. Seine Jünger
2. Ihr Lohn im Himmel ist groß
3. Die Sanftmütigen
4. Motten und Rost zerstören sie, und Diebe stehlen sie
5. Noch mehr tun als verlangt oder erwartet (zwei Meilen gehen)
6. Andere so behandeln, wie wir von ihnen behandelt werden möchten
7. Suchet zuerst Gottes Reich und seine Gerechtigkeit
8. Ihr Leben - was sie essen, trinken und tragen werden
9. In ihren Zimmern
10. Die Thora (das Gesetz)

Wundersame Brotvermehrung
1. Zwei Fische und fünf Brote.
2. 5000 Männer, plus Frauen und Kinder
3. See von Tiberias
4. Auf einem Hügel nahe dem See Genezareth
5. Um Philipp auf die Probe zu stellen
6. Er segnete das Brot
7. Zwölf Körbe
8. Galiläa
9. Das Fest der ungesäuerten Brote
10. Auf einen Berg, um zu beten

Die Tochter des Jairus
1. Ein Vorsteher der Synagoge, namens Jairus
2. glaube (Markus 5,35)
3. Petrus, Jakobus und Johannes
4. Weinen und Wehklagen
5. Zwölf Jahre
6. Weil Jeschua ihnen sagte, dass das Mädchen nicht tot war, sondern schlief
7. „Mädchen, ich sage dir, steh auf!"
8. Sie stand auf und ging umher
9. Galiläa
10. Das Mädchen zu ernähren und niemandem zu sagen, was er getan hatte

Zachäus der Zöllner
1. Oberzöllner
2. Reich
3. Jericho
4. Zachäus' Haus
5. Weil er klein war und Jeschua nicht sehen konnte
6. Maulbeerbaum
7. Juda
8. Diejenigen, die verloren sind (verlorenen Schafe des Hauses Israel)
9. Die Hälfte seiner Güter
10. Ein Vierfaches zurückzahlen

Gleichnis von den Talenten
1. Fünf Talente
2. Zwei Talente
3. Einen Talent
4. Er hat mit ihnen gehandelt und fünf weitere Talente gemacht
5. Zwei weitere Talente hinzugewonnen
6. Hat ein Loch in der Erde gegraben und sein Talent darin verborgen
7. Recht so, du guter und treuer Knecht! Du bist über wenigem treu gewesen, ich will dich über vieles setzen; geh ein zur Freude deines Herrn!
8. Ich hatte Angst und versteckte dein Talent in der Erde
9. Er wurde wütend
10. Nahm das Talent und gab es dem Knecht, der zehn Talente hatte

Gleichnis von den klugen und törichten Jungfrauen
1. Zehn
2. Fünf
3. Die Jungfrauen schliefen alle
4. Mitternacht
5. Geht dem Bräutigam entgegen
6. Lampen ohne Öl
7. Lampen voll mit Öl
8. Gebt uns etwas von eurem Öl, denn unsere Lampen gehen aus
9. Der Bräutigam kam, ging in die Hochzeit mit den klugen Jungfrauen und schloss die Tür
10. Er sagte, er kenne sie nicht

Gleichnis vom barmherzigen Samariter
1. Nach Jericho
2. Er wurde ausgeraubt und verprügelt
3. Ein Priester
4. Ein Levit
5. Ein Samariter

6. Reinigte seine Wunden und bezahlte einen Gastwirt, dass er sich um ihn kümmerte
7. Zwei Denare
8. Ein Gesetzesgelehrter (Thora-Lehrer)
9. „Du sollst den Herrn, deinen Gott, lieben mit deinem ganzen Herzen und mit deiner ganzen Seele und mit deiner ganzen Kraft und mit deinem ganzen Denken, und deinen Nächsten wie dich selbst!" (5. Mose 6,5)
10. „Der, welcher die Barmherzigkeit an ihm geübt hat!"

Gleichnis vom verlorenen Sohn
1. Zwei Söhne
2. Der jüngste Sohn
3. In ein weit entferntes Land
4. Es gab eine Hungersnot
5. Schweine hüten
6. Er kam zur Vernunft (Reue)
7. Der älteste Sohn
8. Lief zu seinem Sohn, warf seine Arme um ihn und küsste ihn
9. Gute Schuhe, Kleidung und ein Ring
10. Schlachtete ein gemästetes Kalb und gab ein Fest

Die Frau am Brunnen
1. Er erfuhr, dass die Pharisäer gehört hatten, dass er mehr Jünger mache und taufe als Johannes
2. Galiläa
3. Jakobs Brunnen
4. Samaria
5. Nach Sichar, um Nahrung zu kaufen
6. Fünf
7. Geist
8. Er selbst
9. Trinkt
10. Aufgrund des Zeugnisses dieser Frau

Die Verklärung
1. Petrus, Jakobus und Johannes
2. Schläfrig
3. Sie wurde weiß wie das Licht (strahlend)
4. Mose und Elia
5. Drei Hütten (Sukkot) zu bauen
6. Jeschuas Abreise, die bald in Jerusalem stattfinden würde
7. Eine Wolke
8. Dies ist mein geliebter Sohn, an dem ich Wohlgefallen habe; auf ihn sollt ihr hören!
9. Jahwe
10. Am nächsten Tag

Einzug in Jerusalem
1. Fest der ungesäuerten Brote
2. Galiläa
3. Bethphage
4. Zwei Jünger
5. Jeschua
6. Sie breiteten Kleider und Zweigen von den Bäumen auf dem Weg aus
7. „Gepriesen sei der, welcher kommt im Namen des Herrn! Hosianna in der Höhe!"
8. Zum Tempel
9. Das Pessach-Mahl
10. Sacharja (Sacharja 9,9)

Jeschua reinigt den Tempel
1. Seine Jünger
2. Tiere verkaufen und Geld wechseln
3. Aus Stricken
4. Jerusalem
5. Verwandlung des Tempels in eine Räuberhöhle
6. Ochsen, Tauben und Schafe
7. Er stieß ihre Tische um
8. König Herodes
9. Haus des Gebets
10. Fest der ungesäuerten Brote

Judas
1. Jünger
2. Brot
3. Die religiösen Führer (Hohepriester)
4. 30 Silberlinge
5. Garten Gethsemane
6. Mit einem Kuss
7. Rabbi (mein Meister)
8. Akeldama (Blutacker)
9. Joseph und Matthias
10. Matthias

Das letzte Abendmahl
1. Jerusalem
2. Fest der ungesäuerten Brote
3. Zwölf
4. Petrus
5. Brot und Wein
6. „Das ist mein Leib, der für euch gegeben wird; das tut zu meinem Gedächtnis!"
7. Liebt einander, wie ich euch geliebt habe (Johannes 13)
8. Darüber, wer von ihnen der Größte sei
9. Judas
10. Garten Gethsemane

Gethsemane
1. Garten von Gethsemane
2. Sie schliefen ein
3. „Wacht und betet, damit ihr nicht in Versuchung kommt!"
4. Petrus
5. Mit einem Kuss
6. Ein Engel
7. Soldaten und Tempelwächter
8. Petrus
9. Sie verließen Jeschua und liefen weg
10. Zu Hannas, und dann Kajaphas

Rüstung Gottes
1. Friedens
2. Gerechtigkeit
3. Wahrheit
4. Fleisch
5. Waffenrüstung
6. Füße
7. Helm
8. Ausdauer
9. stark
10. Schwert

Jeschua vor Pilatus
1. Nur die Römer konnten jemanden zum Tode verurteilen
2. Hohepriester und Älteste
3. Im Prätorium
4. Dass „dieser das Volk verführt und es davon abhalten will, dem Kaiser die Steuern zu zahlen. Er behauptet, er sei Christus, der König."
5. Jeschua antwortete nicht (Er blieb still)
6. Herodes Antipas
7. Ihn kreuzigen
8. Barabbas
9. Die Frau des Pilatus
10. Um zu zeigen, dass Jeschua unschuldig war und dass er keinen Anteil an seinem Tod haben wollte

Tod am Kreuz
1. Pilatus, der römische Statthalter
2. Simon von Kyrene
3. Golgatha
4. König der Juden
5. Mein Gott, mein Gott, warum hast du mich verlassen?
6. Zwei Verbrecher
7. Drei Stunden
8. Nikodemus
9. Speer
10. Leinene Tücher

Die Auferstehung
1. Ein Engel
2. Zum Fest der Erstlingsfrucht, während der Woche der ungesäuerten Brote
3. Geld
4. Maria Magdalena
5. Ein leeres Grab
6. „Was sucht ihr den Lebenden bei den Toten? Er ist nicht hier, sondern er ist auferstanden!"
7. Thomas
8. See Genezareth
9. 40 Tage (Apostelgeschichte 1,3)
10. Geht hin in alle Welt und verkündigt das Evangelium der ganzen Schöpfung!

Weg nach Emmaus
1. Das Fest der ungesäuerten Brote
2. Zwei Jünger (Kleopas und ein weiterer Mann)
3. 60 Stadien
4. Jeschua
5. Ein Mann, der ein Prophet war, mächtig in Tat und Wort vor Gott und dem ganzen Volk
6. Eine Vision von Engeln
7. Mose und die Propheten (Altes Testament)
8. Luden den Fremden ein, mit ihnen zu essen
9. Nachdem Jeschua einen Segen gesprochen und das Brot gebrochen hatte
10. Jeschua verschwand aus ihren Augen

Himmelfahrt
1. Vierzig Tage
2. See Genezareth
3. Petrus
4. Hast du mich lieb?
5. Den Heilige Geist
6. Judäa, Samaria und in viele andere Länder
7. Ölberg
8. Eine Wolke
9. Zwei Männer, in Weiß gekleidet
10. Jeschua wird zu Ihnen zurückkehren, so wie er gegangen ist

Schavuot - Pfingsten
1. Berg Sinai
2. Vierzig Tage und Nächte
3. Zwölf Stämme Israels
4. Das vierte Gebot
5. Ehre deinen Vater und deine Mutter
6. Ein Brausen vom Himmel wie rauschender Wind
7. Jede Person hörte die Jünger in ihrer eigenen Sprache zu ihnen sprechen
8. Petrus
9. Etwa dreitausend Menschen
10. Jerusalem

Sukkot - Laubhüttenfest
1. Für immer - durch alle Generationen hindurch
2. Sieben Tage, plus der letzte große Tag
3. Sukkot (Laubhüttenfest)
4. Am fünfzehnten Tag des siebten Monats
5. In provisorischen Behausungen leben und sich freuen (eine Hochzeitsfeier!)
6. Herbst (nördliche Hemisphäre), Frühling (südliche Hemisphäre)
7. Erster und achter Tag
8. Der Auszug der Israeliten aus Ägypten
9. König Salomo
10. Kein Regen

Philippus und der Äthiopier
1. Macht euch bereit und geht nach Süden auf der Straße, die von Jerusalem nach Gaza führt
2. Ein Mann aus Äthiopien
3. Um Gott anzubeten
4. Er war Kämmerer von Kandake, Königin der Äthiopier
5. Einen Wagen
6. Tritt hinzu und halte dich zu diesem Wagen! (Bleibe in seiner Nähe!)
7. Den Propheten Jesaja
8. Jeschua der Messias
9. In das Wasser eintauchen
10. Der Geist Gottes trug Philippus fort

Weg nach Damaskus
1. Tarsus
2. Paulus (Saulus)
3. Jünger von Jeschua zu finden und festzunehmen
4. Der Hohepriester
5. Ein Licht vom Himmel
6. Jeschua
7. Drei Tage
8. Ananias
9. Jeschua ist der Messias
10. In einem Korb die Stadtmauer hinunter

Die Paulusbriefe
1. gehorsam
2. verfolgen
3. Liebe
4. verwandeln
5. Geist
6. dankbar
7. Wort, Nächsten
8. nichts
9. Gesetz (Thora)
10. Nachahmer

Paulus vor König Agrippa
1. Cäsarea
2. Jeschua, den Messias
3. Festus
4. Bernice
5. Hohepriester in Jerusalem
6. Pharisäer
7. Dem Kaiser
8. Felix
9. Fesseln
10. Er sagte ihnen, sie sollten Buße tun und auf Gottes Weg zurückkehren

Priscilla & Aquila
1. Zeltmacher
2. Claudius befahl allen Juden, Rom zu verlassen
3. Ephesus
4. Apollos
5. Korinth
6. In einer Synagoge
7. Altes Testament (Tanach)
8. Versammelten Menschen in ihrem Haus
9. Ihr Leben für ihn riskiert
10. Jeschua

Schiffbruch!
1. Um den römischen Kaiser zu treffen und seinen Fall zu vertreten
2. Mittelmeer
3. Zidon
4. Phönix
5. Schlechtes Wetter
6. Melite
7. Eine Otter (Schlange)
8. Drei Monate
9. Julius
10. Den Vater von Publius

Petrus
1. Fischer
2. Gott
3. Zwei Mal
4. König Herodes
5. Dreimal
6. Verlorene Schafe des Hauses Israel
7. Verklärung
8. Einen Fisch
9. Tabitha
10. Jeschua

Petrus' Flucht aus dem Gefängnis
1. König Herodes
2. Jakobus, den Bruder des Johannes
3. Fest der ungesäuerten Brote
4. Vier
5. Mit Ketten
6. Die Gemeinde
7. Durch einen Schlag an die Seite
8. „Wirf deinen Mantel um dich und folge mir."
9. Das eiserne Stadttor
10. Ins Haus von Maria, der Mutter des Johannes

Frucht des Geistes
1. langmütig (geduldig)
2. Sanftmut
3. Treue
4. Frieden
5. Güte
6. Wonne
7. Selbstbeherrschung
8. Gütig
9. Liebe
10. Überführung von Sünde, von Gerechtigkeit und vom Gericht

Petrus & Kornelius
1. Cäsarea
2. Hauptmann
3. Einen Engel Gottes
4. Schickt Männer nach Joppe und holt Petrus
5. Im Haus von Simon, des Gerbers
6. Ein Gefäß wie ein großes Tuch, das an den vier Ecken auf den Boden abgesenkt wurde. Darin waren alle Arten von Tieren, Kriechtieren und Vögeln.
7. Gott zeigte Petrus, dass niemand irgendeine Person als gemein oder unrein bezeichnen sollte (zu dieser Zeit war es für einen Juden nicht erlaubt, Zeit mit nicht-jüdischen Menschen zu verbringen).
8. Über Jeschua, den Messias
9. Der Heilige Geist fiel auf alle, die das Wort hörten
10. Sich taufen zu lassen im Namen Jeschuas, des Messias

Petrus der Heiler
1. Jerusalem
2. Um zu beten
3. Zur neunten Stunde
4. Ein gelähmter Mann
5. An der „schönen" Pforte des Tempels
6. Um Almosen
7. „Silber und Gold habe ich nicht; was ich aber habe, das gebe ich dir: Im Namen Jesu Christi, des Nazareners, steh auf und geh umher!"
8. Der Mann stand auf und ging in den Tempel
9. Voller Staunen liefen sie Petrus und Johannes in der Halle Salomos entgegen
10. Tötung von Jeschua und Befreiung von Barabbas

Engel
1. Paulus und Petrus
2. Jakob (Israel)
3. Ein Engel Gottes schloss den Rachen der Löwen
4. Sieben
5. In einem brennenden Dornbusch auf dem Berg Sinai
6. Schrecklich (furchterregend)
7. Gabriel
8. Zwei
9. Sein Esel
10. Der Erzengel Michael

◆◇◆ WEITERE ÜBUNGSBÜCHER ENTDECKEN! ◆◇◆

Zu erwerben unter www.biblepathwayadventures.com

SOFORT DOWNLOADS!

100 Bibel-Quizzen	Bereschit / 1. Mose
Lieblingsgeschichten aus der Bibel – Übungsbuch	Schemot / 2. Mose
Hebräisch lernen: Das Alphabet	Wajikra / 3. Mose
Der Sabbat Übungsbuch	Bemidbar / 4. Mose

www.ingramcontent.com/pod-product-compliance
Lightning Source LLC
Chambersburg PA
CBHW081310070526
44578CB00006B/829